年に4回、こんな夢を見る。

夢の舞台となる時期はいつも同じで、就職活動が終わった直後である大学4年生の6月下旬。大学の校舎の中を焦りながら歩いており、教室を覗いてみては、「ここも違うか……」と嘆息する夢だ。

一体どこの大学なのかも分からない。毎回校舎は違うし、教室も登場人物も異なる。状況としては、「11コマを4年生の夏学期には受講しているものの、1コマしかまともに出席していない。出席点がそろそろ全講義で危ういので、その他の10コマは期末試験だけでもなんとか受け、『C』ぐらいを取っておこうと焦る」といったものだ。

夢なので、色々と状況はおかしい。教務課に聞けば、自分が何を受講しており、時間割も教室も教員の名前もすぐに分かる。だが、夢の中の自分はそれを知る術がない。

結局、毎日大学に通うもお目当ての講義に出席することはできず、「**これで留年か……。内定も取り消されてしまう……**」と絶望的な気持ちになるところで目が醒《さ》める。そこで、冷静に現状を分析する。

当時住んでいた実家の布団で寝ていないことをまずは把握し、２０１３年に引っ越した家の和室の布団で寝ていることを確認する。「今は２０１５年、オレはもう大学生ではない。そうだよな。あぁ、そうだよな」と心の中でつぶやき、現在の自分が41歳になっており、「オレは確か卒業証書を貰ったし、博報堂で４年間働いた後、ライターになった。すでに社会人になっているから、さっきのは間違いなく夢である。オレは卒業している。単位は全部取れたあぁよかった……」と安堵のため息を毎度つく。

こんな夢を１９９７年の大学卒業以来、毎年必ず４回見るのだった。ここまで絶望的な気持ちになるのは、留年した場合、**もう一度就職活動をしなくてはならないからである。**

あれから18年経った今でも就職活動の時の辛過ぎる体験は、私の心の奥底に澱《おり》のように溜まり、心を蝕《むしば》み続けているのだ――。

内定童貞

中川淳一郎

星海社

61

SEIKAISHA
SHINSHO

目次

第2章

面接官は神でも巨悪でもない、ただの人間である

第3章

美辞麗句の裏にある、企業の本音を知れ!

ウソだらけがまかり通る異常な期間、それが就職活動

初っぱなからインチキ文学のようなことを書いたが、就職活動は実際辛かったし、もう二度と経験したくない。

そして、今、つくづくこう思う——社会人に無事なれて本当に良かった、と。現在私はフリーランスを経て、自分の会社を経営してはいる。今後、経営に行き詰まり、仮にどこかの会社の中途採用面接を受けるのであれば、それほどの気負いはない。多分どこかに通るだろうとは思っている。だが、新卒時の就職活動の際は、正直どこに通る気もしなかった。

冒頭の単位が取れない悪夢についても、その先にある「留年」が「再度の就職活動」とセットになっているが故に、悪夢たりえ、何かの教訓を暗示しているかのように何度も何度も見せられるのである。今回、書籍を書くにあたり、就職活動を終えた複数の学生に話

を聞いた。無事内定を取れた方々ばかりだったため、一様にスッキリとした顔はしていたものの、活動中の迷走・もがきっぷりは想像できた。

私が過去に採用担当者として出会った学生達も、本当に苦しみ抜いていた。そして、内定のない状態＝内定童貞を卒業した後の晴れやかな表情、仕事を開始した後の自然体な雰囲気とは大きなギャップがあった。もちろん良い意味で、だ。

人生において、ウソだらけがまかり通る異常な数ヶ月――これが大卒見込み者における就職活動というものである。普段、人間として生活している以上、あくまでも自分本位に行動を続けるものだが、なぜか就活中、学生も企業も実に他己本位というか、自己犠牲の精神に溢《あふ》れているというか、「いい人」に変貌する。これはいったいなんなのだろうか。

誠にくだらない。

私は彼らにこう言いたい。

この嘘つきどもめ。

学生の側の本音を代弁すれば、こうなるはずである。

「どうでもいいからさっさと一流企業のお前ら、オレ様に内定出せ。そうすれば、オレ様はそれなりのステイタスとカネを獲得できる人生になるんだ

よ。もう就活うぜぇよ。早く遊びてぇんだよ」

そして面接を行う人事担当者の本音はこれだ。

「はぁ、またバカが来たか……。もうさぁ、国立、早慶と難関私大の学生、そしてそれら以外の大学でトップクラスに入るまともなヤツだけウチを受けてくれよ。頼むよ、本当に。何人東大から取ったかが重要指標の一つだっていうのに、バカばっかりウケやがって。お前らに使ってる時間、ムダなんで」

こうした学校差別をする企業も時にある。そして多くの企業の本音はこれだ。

「つーか、ウチが欲しいのは、稼げるヤツ。これが絶対！！！！！　そして、ガタガタ言わずに働くヤツだ。別にお前がサークルで代表をやっていた話な

んてどーでもいいの！　同じような話するヤツばっかりでもう飽きたよ！　今はそんなにしおらしいこと言ってるけど、いちいちお前ら、『残業10分しました！　残業10分であってもつけるのがコンプライアンス上重要ではないでしょうか！』みたいなこと言うんだろ？

面倒くさいこと、言わないでくれよ、頼むから。そんなウザくてケチくさいヤツいらんので」

だが、基本的に就職活動においては、企業も学生も建前《たてまえ》合戦ばかりやっている。学生の側はこうだ。

「私は、これまでの人生において、周囲の笑顔、組織全体の円滑な運営について、腐心《ふしん》してきました。スタンドプレーに走り、学園祭の時に焼きそばを過発注するという失敗もしました。落ち込み、自分が100人分を引き取ると皆には伝えましたが、その時、仲間の『お前が全部一人で背負う必要はないんだよ。みんなで頑張って焼きそばを売って売って売りまくるだけだよ!』という一言にハッとし、チームワークの重要性に気付きました。焼きそばの味を他の屋台よりもおいしくすることにその後は注力し、結果完売しました。その経験を御社の『チームを組んで一つのプロジェクトを推進する』というミッションに活かせれば、と思います」

企業の側はこうだ。

「当社が求める人材は、個々の役割を理解したうえで、いかに社会、そしてお客様に役立つサービスを自立したプロフェッショナルとして提供に専心できる人物です。一人一人が違ってもいい。多様な人材を採るべく、今回の採用活動ではこちらも本気で臨みます。意欲のある皆さんの応募をお待ちしています。企業というものはやはり最後は『人』にいきつきます。そんな素晴らしき『人』と仲間になるための採用活動を当社は行います」

筆者がなんの遠慮もなく、就活の実態を書ける理由

私は就職活動については完全なる門外漢であり、業界にかかわる人間からすれば「なんでお前が書いているんだよ?」と思うかもしれない。だが、業界にいる方々からすると、業界のしがらみがあって本当のことを書けない部分はあるのである。文章を書いていたら、いちいち知り合いであるA社の人事部長の顔が浮かんで「あぁぁぁぁ、これは書けないぃぃぃぃぃぃぃ。えぇい、全削除!　パーン!(deleteキーを勢いよく押す音)」とか、「うさんくさい人事関連のコンサルタントもいるので、いちいち真に受けないようにするべきであ

る。たとえば、人事コンサルタントとして様々なセミナーを行い、多数の著書を持つX氏によると……」なんて書いたところで「あぁぁぁぁ、X氏とか仮名にしてるけど、読む人が読めば誰だか分かってしまうぅぅぅぅ！　えぇい、全削除！　パーン！」となるのである。

しかし、私は別に就職活動業界や転職活動業界に一切のしがらみがない。だから、建前を排除できるのである。**どうせ就職活動に関連した本の執筆は一生でこの本一冊になるだろうから、いくらでも「焼き畑農業」ができるのだ。**同様に、本業であるIT系や広告系については、しがらみがあるため、書けないことも多少ある。それは、色々な人々の顔が思い浮かび、その人の人生のことも考えるからだ（これが「大人の事情」ってヤツである）。

もしかしたら、就活業界の方々に、「お前は最先端の現場を分かっていない」と言われるかもしれないが、それなりに本は読み、取材はしたので、最低限のことは分かっている。あと、現場の状況や制度に関する書籍は他に多数あるのでそちらにお任せする。

本書では、学生が本当に知りたいであろう「面接の本質」「社会人として生きる術」「内定を取るまでの建前排除の手順」「企業・面接官が考えていること」「失敗しがちな学生が陥るワナと成功する学生の飄々《ひょうひょう》とした様子」「失敗した場合の心構え」「人生は案外うまくいく」ということについてを、これまでなんとか社会で生き残ってきた経験をもとに書く。内定を取るコツは、門外漢ながらも案外書けたのではないだろうか。

今回、星海社の編集者から「就活について書きませんか？」と話が来た時、正直「なんでオレが？」と聞いてしまった。すると、彼は「中川さんは身も蓋もない人間の営みについては正しいことを書けるからです。就活も人間のドロドロとした営みだし、うまくやるには、人間が何を考えているか、行動原理がなんであるかを理解することが大事じゃないですか」と言った。つまり、「人間」をいかに理解するかが内定獲得に繋《つな》がるのである。

合理的にやれば、就活など怖くない

私自身、「人間」についてはこれまで散々書籍で書いてきたし、様々なものに嚙みついてきた経緯がある。ある時はネットについてどうしようもない実態を描き、ある時は人間のドス黒さを書いてきた。きれいごとだけでは世間は回っていないし、無駄に期待をさせてもその期待は裏切られることだらけであることを述べてきた。

故に本書は「就活」を題材とした「人間理解」のための書だと考えていただきたい。また、「まともな会話のやり方（面接での適切な受け答え）」を具体例とともに解説する書でもある。

　人間は実に素直な動物である。とある状況では大抵の場合は合理的な判断をするものだ。定食屋で「ご飯大盛り無料」とあれば、若者なら当然無料の大盛りを選択するだろう。これ以上酒を飲むと吐くことが分かっていたら、もうそれ以上は飲まないだろう。とある女性を好きになっても彼女に恋人がいたら、手を引いて別の相手を見つける方が合理的だろう。我々は日々、こうしたまともな判断をするのに、こと就職活動になるとそのまともな判断が突然鈍る。

　内定というゴールとは関係のない非合理的な判断のもと、偏見と思い込みを元に的外れ過ぎる準備をしたり、面接でトンチンカンな受け答えをしたりしてしまうのである。そこにかかわる主体いずれもが、腹の探り合いをしているが故に、非合理的な展開が繰り広げられている哀しい活動——これこそが就職活動なのである。私が本書で述べたいのは、建前をすべて排除し、こうした非合理的な活動はみんな揃って辞めちまえ！　お前ら全員が合理的な判断をすれば、余計な苦しみなどなくなるよ！　ということである。

　バイトの面接では、学生であってもまともな判断ができるものである。「平日は毎日来ていただきたいのですが……」「水曜日と木曜日は必修科目があるので無理です」「なんでウチの店なんですか?」「大学から近く、よく前を通っていて、スタッフの人も楽しそうに働いていたので。あとは、『2時間〜』とあったので、講義の合間とかでも働けるな、と思ったので」——こういったものすごく合理的な受け答えができる。

だが、就活になると一生のことだと思い萎縮《いしゅく》するのか、聖人君子《せいじんくんし》的な自分を演出しないと通らないと思うのか、非合理的かつ他の者も言いそうで、しかもトンチンカンなことを言ってしまう。「そりゃ重みが違うよ……」と思われるだろうが、私が言っているのは「程度」の問題である。バイトの面接ではビシッと条件を言えるにもかかわらず、就活になると、途端に条件を言うことが憚《はばか》られ、とにかく会社に媚《こ》びなくてはいけないと考える。しかし、もう少しゴーマンかつ利己的になってもいいのではないだろうか。本書ではそのさじ加減も含め、記述していく。

命あってこその就職。死ぬな

2009年には、『ウェブはバカと暇人のもの 現場からのネット敗北宣言』(光文社新書)で、「インターネットを使うと集合知で世界が素晴らしくなる!」という論に対し、「バカがネットを使おうがバカのまま」と言い切った。現在の「バカッター騒動」なども含め、インターネットがバカによるバカ行為を増幅させ、炎上を誘発するものであることは明白であろう。あれから6年、明確な反論は一切なく、2000年代中頃までの「ネットが集合知をもたらし、人間を一つ上段階に進化させる」といった論は完全に破綻。今やネットゲームで暇つぶしをし、課金で無駄なカネを使う人々だらけになり、LINEで過度なコミュニケーションを強いられる状態になっている。

また、2014年に書いた星海社の『夢、死ね！ 若者を殺す「自己実現」という嘘』でも、巷《ちまた》に溢れるキラキラとした「お客様への感謝が原動力」や「社会を変える人材になることが生まれてきた使命」みたいな前向き過ぎる仕事論を一蹴し、「仕事をする理由はお金のため。そして、お金をもらうためには他人から怒られてはいけない」という身も蓋もなさ過ぎる現実を書いた。本書でも就職活動に対する合理的な考え方を提示していこう。

こうした合理的な考え方をすることにより、様々な悲劇は回避できるのである。

2015年1月、産経新聞のインターネット版にこんなタイトルの記事が出た。

「あー、いつまで就活するんや、俺」自殺の1週間前ブログで苦悩を吐露…救えなかった自分を責める家族タイトル通り、関西学院大学の男子学生が、なかなか内定が出ないことに苦悩した後、家具会社に内定するも持病の腰痛が悪化。重い家具を持つことに不安を抱き内定を辞退。その後も就職活動をしたが内定は獲得できず、結局自宅の居間で首つり自殺をしてしまったというものだ。記事の最後には、父親のこんなコメントが紹介されている。

私も息子も、就職するなら正社員でなければならないと思い詰めたことが落とし穴だった。親が子に多様な生き方を提示するとともに、異変を感じた場合はいったん就活を休ませることも必要だ

まさにこの父親のコメント通りなのである。もう取り返しがつかないが、**命の大切さに比べて、就職ごときはたいしたことではない。**生きていないと仕事もできないのである。命あってこその就職だ。

ここで、「合理的判断」の話を再びする。就職人気ランキングの上位に入るような企業の採用枠はほとんどない。だから、その会社の内定を取れる可能性は極めて低い。だったら、

ランキング上位にはないものの、「それなりに良い会社」に入る道を探ってはいかがか。そもそも、世の中のほとんどの労働者は就職人気ランキング上位の会社で働いていないではないか。

第一、そんな会社に入ったとしても、転職する人だらけではないか。現に私を見よ！「2015年卒マイナビ大学生就職企業人気ランキング」の文系総合ランキングで堂々の6位に入った広告業界ナンバーツー企業・博報堂をたった4年で辞めているのである！　周囲の人からは「もったいない」「な……、なんで？」なんて言われたものの、自分の人生は自分で決める。「人気企業ランキング」の上位だからって、そんなものは自分の人生においてはちょっとした自尊心を満たしてくれる程度で、それ以上の大した意味はない。まぁ、人生なんてそんなもんである。

別に希望していた会社に入れなかったからといって、人生終わったワケでもない。その後いくらでもチャンスは転がっている。

というわけで、皆様の就職活動が苦難に満ちたものにならないことを祈りつつ、本文に突入しよう。

第1章

「就活」という悪夢を分解する

世の中就職できた人だらけ

まず、就職活動をするにあたり、皆さんに理解してもらいたいのが、「**世の中就職できた人だらけ**」ということである。そんなの当たり前じゃないか、と言うなかれ。総務省の調査によると、２０１３年の役員を除く雇用者の人数は５２４０万人もいるのだ。子供や高齢者、専業主婦を除き、これだけ多くの人が見事面接を勝ち上がり、就職できているのである。

いえいえ、非正規労働者も多いですし、一概に「就職できた人だらけ」とは言えないのではないでしょうか！　なんて労働事情に詳しい専門家あたりから言われそうなので内訳を見てみよう。

５２４０万人のうち３２７３万人（62・5％）が正規雇用者で１９６７万人（37・5％）が非正規雇用者である。昨今、メディアや研究者は「１９８４年、非正規雇用者は15・3％に過ぎなかった。現在の格差を助長しているのは正規雇用を縮小しているからだ！」といった論調で企業を叩きがちである。

だが、これは割合を見ればそうかもしれないが、労働人口自体は１９８４年の３９３６万人から大幅に増えており、正規雇用者の人数自体は３３３３万人から３２７３万人に減った程度である。しかも、総務省の2014年7〜9月期の調査によると非正規雇用者に「なぜ非正規を選んだか」と調査した結果、「自分の都合のよい時間に働きたいから」という回答が全体の25・4%で1位に。問題にされがちな、「正規の職員・従業員の仕事がないから」という回答は17・1%に過ぎない。この結果から、東京新聞・中日新聞論説副主幹の長谷川幸洋《ゆきひろ》氏はこう結論づける（「週刊ポスト」2014年12月26日号より）。

非正規雇用者のうち転職希望者は22・9%に過ぎず、そのうち「正規の仕事がないから」非正規に就いていて転職希望となると148万人、全体の7・6%にとどまっている

（2014年7〜9月期平均）

これらの数字が示しているのは、非正規雇用の大部分は自己都合であり「本当は正規で働きたい」という人は世間が思うほど多くはない、という現実である

別に正規・非正規の是非や格差の実態を問いたいのではない。「**人は案外就職できている**」という事実を言いたいだけである。

就職活動でなかなか内定が出ない時、自分がいかに無能かと嘆きたくなるだろうがそんなことはない。世の中にどれだけ雇用された者が多いか！　電車の中でバカ面をしながらスマホゲームに必死のオッサンだって、サークルのバカ先輩であるシノハラさん（仮名）だって、普段パンツ一丁でうろうろ歩いては尻をかいている姿だけが印象的なあなたのお父さんだって就職できたのである。

と考えれば、就職なんかちょっとその気になればできるものであることをまずは認識していただきたい。就活をなめてかかれ、と言いたいのではない。過度にビビるな、聖域化するな、と言いたいのである。

私が就職活動をしていた時、目の前にいる面接官はもう憧れの神様のような人だった。**「ははぁ〜この方は、大大大お日本テレビ様にお入社されたお優秀なお方なのですね！　ははぁ〜、わ、私めのようなバカにもなんとか内定をいただけませんでしょうか！　一生ついていきます！　キャー素敵！」**みたいな卑屈な感覚で面接を受けていた。

だが、第二章で詳しく書くが、面接の最中、とあるきっかけから、ゴーマンながら途端にこう思ってしまったのだ。

「こいつ、クソするよな」と。

さらにこう思った。

「こいつ、ズボンとパンツを下ろしてマヌケな姿でビビーッとクソしている最中にカギをかけ忘れていて、そこをオレがドアを開けてしまったら、『うわっ！』とか狼狽《ろうばい》して慌てて前を隠して、『あっ、あっ、あっ、し、閉めてください！』なんて言うんだろうな」と。

一体これが何を意味するのかといえば、別に面接官だからと言って神様でもなんでもないし、自分と同じ人間、そして普段はバカにしがちな自分の父親と同じだということに気付いたのである。面接官を神格化せず、「同じ人間同士である」という気持ちを抱くようになってからは面接がうまくいくようになった。

決して面接官を見下すような態度を取ってはいけないものの、過度にビビる必要はない。この姿勢を持つことが重要である。

自己PR・志望動機の「正解」に騙されるな！

さて、それではここから企業と学生が演じる茶番について解説していこう。さらには、就活関連業界が提示するバカな事例についても見ていく。まず、オレ（言葉が乱れた）が主張したいのは「自己PR、志望動機、死ね！」ということである。

一時期ネットで「ひどい」と話題になったのが、就活業界の雄・マイナビが提示した自己PR文の記入例である。文系の場合はこうだ。

お中元やお歳暮の配達、催事用お菓子の販売、遊園地での着ぐるみショー出演、結婚式場でのサービスから、役所での事務仕事まで、多種多様なアルバイトを経験しました。中でも一番の思い出は、着ぐるみショーの仕事です。気温33℃の真夏に分厚い着ぐるみを2時間も着ていなければならず、本当に大変な思いをしました。でも、子どもたちの満面の笑顔を目にして、心から充実感を感じました。辛くてもやり遂げる喜びを体感できたことは、アルバイト経験を通して得た最高の収穫だったと思います。

確かに、ひどい。ここでアピールできているのは「**体力はあるな、こいつ**」「**暑さに**

強いな、こいつ」ということだけである。海の家の監視員バイトの面接であれば、このエピソードは生きるだろうが、事務職でこれが一体なんのアピールになるのだろうか。意味不明である。

世に溢れる「自己PRの書き方」では、こんなステップを提示する。

①これまでの自分の人生を振り返る
②自分を形成する「核」が何かを提示する
③その「核」がどんな成功体験・失敗体験から生まれたのかを具体的に書く
④その企業と自身の特質がどう結びつき、どう貢献できるかを書く

そして「企業はあなたが『何をやった』かではなく、『その体験を通じ、何を感じ取ったのか、どう成長したのか』を知りたいのである」と続くのである。

まぁ、これ以上駄文を紹介しても仕方ないのでやめるが、「志望動機」の書き方もクソみたいなものが多い。

ステップはこんなもんだ。

①その会社のサービスや企業姿勢で共感した理念を書く
②具体的にどの部分で共感したかを書く
③自分とその企業（業界・サービス）にどんな共通点があるかを書く
④入社した場合、どんな仕事をしたいかを書く

一体、これらの何が「茶番」であり、「クソ」なのか。それは、「自己PR」にも「志望動機」にも定型など存在しないからである。各人が自己をPRし、その会社で働きたいと思う気持ちに定型はない。さすがに自己PRで「私は実家が金持ちです」と言うのはバカげているが、もし、これが本当に自分を表すのであれば、もう少しかみ砕けばいい。「私は実家が金持ちなので、『本物』を親から与えられ続けました。多分、審美眼《しんびがん》だけは磨かれていると思います」ならば、老舗のホテルや百貨店といった会社はこの人物を気に入るかもしれない。

志望動機を正直に述べれば、一般的な学生の場合「なんとなく」「知っていた」や「なんか給料良さそうじゃないっスか」程度となるだろう。正直な意見だが、これはあまりにも

ストレート過ぎる。企業もこの3点を受験者が抱いていることは前提として把握しているので、これに次ぐ他の理由を言えばいい。別におべっかを使う必要はない。
「なんか、御社で働いている先輩が『楽しいぜぇ〜』って言ってたんですよ！」みたいな話でも十分である。

企業の「求める人物像」を真に受けてはいけない

一方、企業の側が採用にあたって提示する、求める人物像や企業のミッションについてだが、これがどれもこれも歯が浮くような美辞麗句だらけで気持ち悪い。たまたま頭に浮かんだ企業である三菱電機の企業理念を見てみよう。

コーポレートステートメント“Changes for the Better”は「三菱電機グループは、常により良いものをめざし、変革していきます」という私たちの目標や姿勢を意味するものです。グループ社員ひとりひとりが、自ら『より良いもの』を求めて変革し、日々の活動の中で、企業理念に示された「技術、サービス、創造力の向上」を図り、『もっと素晴らしい明日』を切り拓いていくことをお客様に約束する、三菱電機グループのコーポレートステートメントです。

別に三菱電機でなくても、どこの企業でも使えそうな抽象的で美しい言葉ばかりが並ぶ。そして、就職ジャーナルのウェブ版に掲載された、エレベーターを売る同社社員からの学生に向けた「仕事紹介」文はこれだ。

エレベーターの営業という仕事。案件が持ち上がってからエレベーターが動き始めるまで、小さなビルでも2年。大型再開発プロジェクトに至っては、20年30年越しで営業が続く。ひとりじゃ所詮、無理。仲間から仲間へバトンを渡して、夢と責任をつないでゆく。ズルしたら終わる。途切れたら先人の汗は無駄になる。その重すぎる責任を背負いながら、でも僕はこの仕事が楽しくてしかたがない。たぶん、仲間たちもそう。きっとそれは、「このプロジェクトは俺たちの仕事だ。俺たちが次の世の中をつくるんだ」という想いを仕事に叩き込んでいるからだと僕は思う。

これも立派! 立派過ぎるよ! オレよりも1年若いってのに立派過ぎるよ、この人！　というか、三菱電機のことはここで名指しをしてしまい申し訳ないのだが、どの企業もきれいごと過ぎないか？　本当に自社の内情を明かし、思想がマッチする人材を採りたいのであれば、もっと正直にあけすけに書くべきだと思うのである。仮に私が私の経営する「株式会社ケロジャパン」の企業理念と仕事紹介を書くとしたらこう書く。ちなみにケロジャパンは編集プロダクションというわけではないが、「文字にかかわる仕事だったらなんでもする会社。特にネット上のコンテンツ作りが多い。ＰＲのプランニングも行う」という会社で、従業員は私と大学時代の同級生であるＹ嬢の２名である。

ケロジャパン企業理念

私達はとにかく世の中に大量に作られる文字コンテンツに、なんでもかかわっていこうとする会社です。仕事がもらえるのであれば、なんでも取っていく。知らないジャンルであれば、その分野に詳しい人に助けてもらってなんとか受注してしまいます。社会を良くするとかそういったことはあまり考えておらず、「とにかく納期を守る」「１００点を取るのは無理。お客さんが90点に改善してくれるよう、80～85点を取る」ことを考えています。なお、従業員には、稼いだ金額に応じ、給料は潤沢に支払います。ただし、全然貢献しない人にはあまり払いませんし、従業員にはキラキラした「クリエーター」の意識ではなく泥臭い「IT小作農」という意識で仕事をしていただきたいです

先輩社員による「仕事紹介」

昨今ますます大量コンテンツの制作が求められるネットの世界。いかに効率よく、そしてアクセスを稼げるコンテンツが作れるかが大切になってきます。そこで、私は日々ネットを見続け、ネット上で発生する人間同士の諍《いさか》いやら、感動ストーリーなどを収集し続けます。「これはウケるんじゃないか?」と勘所がつかめたネタを記事化し、その仮説が正しければ、類似のネタを投下しまくり、アクセスをさらに稼ぎます。8年ほど前「若者の○○離れ」というキーワードが妙にネットで拡散することに気付き、様々な「若者の○○離れ」記事を出してきました。中には「若者のメンズブラ離れ」なんてものもあったのですが、この時はネットユーザーから「そもそも近付いてねぇしwww」なんて笑ってもらえ、嬉しかったです。こうしたネットからの反応を楽しめる人は弊社に向いているのではないでしょうか。私自身の強みを言うと、1回の取材で大量のネタを取って来れ、それを複数の記事に加工できる「切り口把握能力」「大量記事生産能力」とテ

ープ起こしの必要がないくらい現場で高速タイピングができることです

内定を取る学生の5パターン

ここで一つ企業に対して切にお願いしたいことがある。それは「志望動機は聞くな」ということである。実際問題として、面接を受けに来る学生は、「とにかく仕事くれ」としか思っていない。それは現在企業で働いている皆さんが学生だった時もそうだったではないだろうか。自身が就職活動していた時、

「どうでもいいから内定出せよ、オラ」

としか思っていなかったというのに、採用の側に回ると途端に当時の自分だって答えられなかった「志望動機」を聞いてくる。

内定を取る学生はどんな人物か——これについては諸説あるだろうが、恐らくはこれである。

①なんとなく社風に合っている

②なんとなく会社に貢献してくれそうな気がする
③なんとなく楽しんで仕事をしてくれそうな気がする
④なんとなく将来化けそうな期待がある
⑤どう見ても優秀

⑤を除き、「なんとなく」といった茫漠とした要素が内定を左右する。「志望動機が素晴らしかった」という理由で内定を取る学生など皆無である。結局は面接をし、その場で①〜⑤を判断し、当てはまる要素が多い順に内定を獲得する。それなのに企業は判で押したように「自己PR」と「志望動機」を聞いてくる。もし、これらを聞く理由が「他社が聞いてるから」「なんとなく慣例で」という理由なのであれば即刻やめた方がいい。人事とは関係のない現場系の部署から駆り出された素人面接官が「聞くことが思いつかないから」という理由で聞いているのであれば失礼過ぎる。面接官も学生のパーソナリティが分かるような質問をして欲しい。

学生はエントリーシートを書くのに本当に多くの時間をかけ、悩んでいる。そして、そのエントリーシートと矛盾しないよう、自分を偽って面接に臨むのである。そんなことをしていてはその学生の本当の良さは把握できないし、優秀な人材を採れないという機会損失にもなる。

本当の姿を把握できるわけもない「自己PR」と「志望動機」という惰性による愚問を学生に課したが故に、両方が不幸になってしまっているのだ。

だったら書類審査の段階で何を聞くべきか。それはこれだ。

・これまで一番嬉しかったこと
・周囲の人はあなたをどんな人だと言いますか?
・これまで一番腹が立った経験

これを「正直に書いてください」と言えば、かなり人物像は分かるだろう。あまりにも清廉潔白《せいれんけっぱく》すぎたらその学生はウソつきなので、書類で落としても構わない。どうせ、面接でもウソをつく。

強調するが、「志望動機」を聞くことはクソである。その会社のことなど、会社案内を見ても分かるワケがないし、仕事の内容も想像でしかない。それなのに、強引に志望動機を創作させることほどムダなことはないのである。

企業理念から考えるから、周りと同じことしか書けなくなる

私の年上の知り合いで、とにかくエロい人物がいる。この人は過剰な女好きで、大学時代、エロいことばかりしていたという。東大出身であり、就職活動では圧倒的に有利な立場であるものの、彼は自身がどんな人物であるかを面接で聞かれ、こう言った。

「僕はエッチの大魔王で〜〜す！」

これで第一志望だった電通の内定を獲得したのである。お堅い銀行でこんなことを言ったら落とされてしまうだろうが、電通や博報堂、テレビ局であれば、「愛すべきバカ」ということで内定は取れるかもしれない。彼自身、「オレは大学で何を頑張ってきたのだろうか……。オレは何が好きなのだろうか……」と考えた結果、「**オレってエッチだなぁ……**」という結論に至り、この発言となったのである。「エッチ」というだけで到底通ったはずではなく、彼自身が魅力的な人物であり、かつ東大生であるというアドバンテージもあったためだが、正直な気持ちを出しても案外通るのである。だが、基本的に学生は企業が求める人材像に合わせて志望動機や自己PRを言いがちである。そうしなくては面接を通らないと思っているのだ。これは「企業が求める人材像に合った自分を演出している」ことにほかならない。

たとえば、前出の三菱電機の企業理念にある「三菱電機グループは、常により良いものをめざし、変革していきます」という一文を見た場合、学生はこう考える。

「オレがこれまでにやったことで『常により良いものを目指し、変革していった』例ってなんだろう……」——ここから考えること30分。これまでの乏しい人生経験の中からようやくひねり出したのが、「ゼミ合宿でよりグレードの高いホテルに昨年と同じ予算で泊まるべく旅行会社と交渉した」というエピソードである。これをあたかも偉人の伝記のごとく描写し、こう締める。

「このように、私は御社の理念である『changes for better』——常により良いものをめざし、変革していきます、をいつも念頭において人生を生きていきます」

一体この手法は誰がいつ開発したのだろうか……。この手法の実に愚かなところは、**社員でさえあまり普段は意識していない企業理念という建前**を、学生が聖典のごとく信じ込み、自らの本当の姿を出さずにその企業に合わせた自分を作り上げることにある。あたかも「企業理念を読み解き、そこからあなたに合致したエピソードを抽出し、具体的に語りなさい」という問題を解いているかのように。そして、様々な会社に志望動機を出す際は、カメレオンのごとく各企業の理念に合わせて自分の別の姿を見せていく。

この問題は、いちいち企業ごとに合わせて屁理屈をひねり出すため、無駄に時間がかかることにある。さらに、「誰もが同じようなことを書く」ことに行きつく。恐らく三菱電機であれば、「バイト先で効率が悪かった業務を改善した」「高校の部活で体幹トレーニングを導入した」「学園祭でそれまでの定番だったクレープではなく、思い切ってフルーツポンチを売った」みたいな「なんらかの改善をした」エピソードだらけになる。だが、日々生きていてそんな「改善」に直面する事態なんて滅多にないだろう。決められたルーティンを着々と日々こなすことの方が多いし、そちらの方がよっぽど重要だ。別に自ら改善の先頭に立つ必要もない。改善されたものを着実に運用できる理解力の方が求められたりもしている。

美辞麗句だらけの企業理念に合わせて志望動機を作成すると、普段の自分にとっては滅多にないレアケースや、そもそも向いていない事例を用いて、自分という人間がどんな人間かを表現することとなる。そもそも企業理念に「倒産しない程度に少しだけ時代に合わせていければいいと思います」みたいな一見志の低そうなことを書くことはない。どの会社も「グローバル展開」「明日を見据える」「未来を創造する」みたいなことしか書かない。これらは額面通りに捉えてはいけない。

どうせ、その理念を作る部署の人間（広報関連部署や経営管理関連部署）が、様々な部署が勝手に言ってること、社長・役員の夢物語をごちゃ混ぜにした上で無難に、誰もが文句を言わない程度のレベルに仕上げただけのものである。だから話半分に聞いておけばいいし、そんなくだらないものに縛られてあなたという唯一無二の人間のことを表現しないでいい。

学生の話は、「一体感醸成系」「激変系」だらけ

この手法がいかに生まれたかについて、『就活「後ろ倒し」の衝撃「リクナビ」登場以来、最大の変化が始まった』（東洋経済新報社）の著者であり、採用・就活の本質を語らせたら右に出る者のいない、株式会社人材研究所代表取締役社長・組織人事コンサルタントの曽和利光氏に話を聞いた。

――曽和さん、なんで学生って同じようなことばっかり言うんですかね？

いや、ホントそうですよ。同じことばかり言う人がむちゃくちゃ多くてね……、ES（エントリーシート）、面接の三割を占めるパターンがあるんですよね。「一体感醸成系」というんですが。

「ある集団の中に、意識の差・温度差があって、それを私が取りまとめました。一人一人と話し合い、最終的に一体感を醸成し、何かを成し遂げました」っていうパターン。バイト、部活、ゼミ、サークルなど形態は様々ですが、見事にその型にハマってる。

これで通るとは思えないのに、誰かが流布《るふ》しているんでしょうね。なんなんでしょうね。あとは「激変系」というものもあります。

「自分のせいで試合に負けてしまった。その後、サークルの先輩のちょっとしたひとこと。これで私の意識が激変し、メンタル面の重要性に気付き、次の試合では勝利することができた」――みたいな感じですね。もはや様式美のようなもので、誰が指南したのかは分かりません。世界各国で似たような神話があるのに似ている気がします。妖怪とか妖精みたいな。

元々誰かが考えたストーリーなのかもしれません。キャリアセンターで教えているのかもしれないし、「これがネタ本です」と出てきたら面白いですね。あるいは、「オレはこれで通ったよ」という先輩の助言が脈々と受け継がれ、定着したのかもしれません。

あとは就活サークルとかも影響しているでしょうね。「オレはこれを言ったから受かった」と。でも、**彼らは、想像でモノを言っている。それを言ったから受かったかどうかは分からないものです。**

仕事内容を勝手に想像し、決めつけてしまう学生達

私がかつて博報堂でリクルーターをやっていた時、学生の多くに「なんで博報堂受けようと思ったのですか？」と聞いた。私としては「いやぁ、なんか楽しそうだと聞いたんで……」「コピーライターってなんかカッコ良さそうじゃないっスか？」程度の答えで十分だったのが、恐らく50％ぐらいの学生が言った回答がこの類だ。

「はい。私は、現在テニスサークルの渉外担当をしております。サークルの仲間の求めることと、学校当局からの指示に従い、他サークルともテニスコートの利用などを調整し、皆が満足できるようにすることに務めてきました。

私は広告の営業の仕事を希望しているのですが、営業はクライアントの意向を社内のスタッフに伝え、両方の意向を調整する役割があると思います。また、広告会社自体が生活者に企業のメッセージを伝える中間に入る存在です。渉外をしていた私の経験は役に立つと思います」

とにかくこの手の答えが多いのだ。広告会社の仕事が具体的にどのようなものであるか全く知らないくせに、イメージだけで「異なる主体を繋ぐ存在」と仮定し、これまでの自分の経験してきたことが広告会社の仕事をやるうえで役に立つと主張する。そこでは「サークルの渉外担当」や、「バイトのサブリーダー」といった中間管理職的経験が重宝される。

だが、広告会社の営業は「異なる主体を繋ぐ」という側面はあるものの、もっと重要なのは、「今23時だけど、明朝6時半までに寿司を7人分用意して欲しいの。ウニも入れてね。よろしく！」といった「無理難題を振ってくるクライアントの課題を解決する」ということにある。それに、「ワガママなスタッフを顎で使う」という統率力なども重要になってくる。あとは問題が発生した時の「誠意あるように見える謝罪のやり方」なども重要だ。

今はあるか分からないが、色覚のテストも受けさせられた。広告を作っていると微妙な色の違いが決定的な問題になってしまうからだ。企業のロゴを印刷するにしても、少しでも異なる色になるとブランドイメージとズレたメッセージを送ることになる。微妙な違いが決定的に重要であることが分かる臆病さなども大事な資質である。いずれも学生が思いつくようなものではない。

故に、**大学時代にテニスサークルで渉外をやっていた経験などはほぼ役に立たない。**というか、アピールのネタとしてはまったく意味がないし的外れだ。大手の場合、難しいことは先輩社員がまずはやってくれる。それを横で見ながら仕事の手順や微妙な言い回しを学んでいき、有能な営業マンに育っていくのである。

無知な学生がイメージを元に勝手な決めつけをする現象は、ありとあらゆる業界で起きている。旅行やレジャー関連の業界であれば、「お客さんの笑顔を作りたい」と言い、過去のバイト先での客の笑顔がいかに嬉しかったのかをキラキラとした目で語る。商社の仕事であれば、「メーカーと消費者を繋ぐ」「本当にいいものを世界から見つけてくる」というイメージがあるわけで、この「渉外男」としては、同じ理屈で志望動機を言うことが可能となる。

これはさすがに誇張があると思うが、総合商社へ行った先輩に「先輩、どんな仕事してるんっスか？」と聞いたところ、彼が言ったのは「**コピペだよ！**」だった。

一瞬ワケが分からず「えっ？　どういうことですか？」と言ったらこう答えられた。

「オレさぁ、鉄を扱っているんだけど、鉄鋼メーカーの作った鉄を自動車メーカーに卸すんだよ。船の手配とかも実際は鉄鋼メーカーがやっていて『手配できました』なんてメールが来たら、全文コピペして、冒頭の部分の宛名をオレ宛てから自動車メーカーの担当者宛てに変えてそのまま送信するんだよ。するとさぁ、自動車メーカーの人は『さすが○○社さん！』なんて言ってくれるんだけど、オレがやっていることの実態は単なるコピペなんだよな、ガハハハ」

これがすべての仕事ではないはずだが、こんな仕事も間違いなくあるのだ。この先輩だってまさか右から左へ流すだけのテキトー過ぎる仕事があるとは、就職活動の時は思っていなかっただろう。何せ、4年生の時、大手生命保険会社への内定を持っていたというのに、やはり総合商社に行きたいという気持ちが勝り、留年をしてまで翌年内定を獲得したのだから。

だが、仕事の実態とは案外トホホなものが多いし、学生が考えるほど崇高でもなければシステマチックでもない。もっとドロドロした人間関係やら、好き嫌いといった感情やらが仕事の成否を左右する。だから**面接でももっと正直な気持ちを言っていいし、勝手なイメージを元に強引に自身の過去を当てはめる必要はない。**

面接は「気持ちよく会話ができるか」、これに尽きる

それに面接の最重要事項は「会話が成立するか否か」にある。別に学生のプレゼンを聞きたいのではない。だからこそ**「なんで弊社を受けたのですか？」と言われた時は正直でいい。**

仮に学生が「コピーライターってなんかカッコ良さそうじゃないっスか？」と言ったのであれば、面接官は「そうだよねぇ〜。糸井重里みたいな人間にいつかなれるかもしれない、って思わせてくれるよね」と答えることだろう。「そうなんですよ！ ボク、糸井さん大好きで、あんな大人に憧れているんですよ！」と会話がポンポンと展開していく。

そもそもエントリーシートに書かれた志望動機や自己PRを丸暗記して面接に臨むような学生は、本番で究極的に弱い。咄嗟の機転が利かないのである。**さらにトホホなのが、聞かれたことに答えず、自分の言いたいことばかり言う学生だ。**とにかく、せっかく長時間かけて準備したサイコーの非の打ちどころのない自己PRをなんとしても伝えなくてはっ！ **おかっつあん、ヒロシ、頑張**

る！　みたいな気負いを持って面接に臨むがゆえにこんなチグハグな会話になる。

面接官　それでは自己紹介をしてください。

学　生　はい、**私を表すキーワードは『ボランチ』です。**小学校時代から続けてきたサッカーでは、常に一貫してボランチのポジションを担ってきました。ボランチは守備もすれば、攻撃の起点にもなる重要ポジションです。臨機応変に守備・攻撃のバランスを取ることが求められ、一瞬の判断によって失点にも得点にも絡むことができるところにやりがいを感じています。このポジションには、元フランス代表のクロード・マケレレという名選手や、元イタリア代表のジェンナーロ・ガットゥーゾ選手がいたり、今でいえば遠藤保仁《やすひと》選手などが挙げられるでしょう。広い視野と柔軟性で御社に貢献したいと考えます。

面接官　は、はい。分かりました。（長いよ……。つーか、お前、自己紹介してねぇだろ。ジジイになっても一生ボランチやっとけ。どうせ遠藤に一生勝てないだろうけどよ）ところで、エントリーシートに書かれてある『古物商の免許』とはどういうことでしょうか？（つまらんヤツだけど、なんかここ、ツッコミポイントだと思っていそうなので、武士の情けだ。聞いておいてやろう）

学生（よくぞ聞いてくれました！）はい。私は、やはり歴史のあるものにはそれなりの価値があるという信念を持っています。世の中には『古さ』を軽視する風潮もありますが、『古い』ということも価値であることを世の中に訴えるべく、古物商の免許を取ったのです。御社も伝統ある会社ですから、そこは私のこの考えと合っていると思います。

面接官 な、なるほど。（質屋でもやっとけよ、バカ。ウチは古臭い会社じゃねえよ、バカ）ところで、今日腹が立ったことはありますか？

学生（えっ？　何、この質問）……はい。……**私は『滅多なことでは怒らない』を信条としております。**なぜならば、怒りというものは争いしか生みませんし、そこから何か生産的なものが生まれるとは思わないからです。すべてのことに対し『寛容』の精神で臨みたい、そう考えております。

面接官 はい。分かりました。（つーか、こいつ、聞かれた質問に何も答えてねぇじゃん。もう落とすか……。もう聞くことないけど、まだ時間あるからとりあえず聞いておくか……）なんで当社を受けたんですか？

学　生　はい、**私は昔から御社の『粗挽きポークソーセージ』が好き**でして、母が作ってくれたお弁当には週に2回は入っていました（笑）。共働きで忙しかったであろう母がサッカーに勤《いそ》しむ私のパワーのために作ってくれたお弁当。それが今の私を作った要素の一つです。こうした『料理をする人』『食べる人』両方を笑顔にする御社の商品作りに関与できれば嬉しいと思ったのです。

面接官（もぉ……。なんだよそれ。東京ガス受けるんだったら「御社のガスが好きです」とか言うのかよ、このバカ。あとは何を質問すればいいんだよ……。あぁ、ションベンしてぇ。でも、ここで中座した場合、どうせこいつ落ちるから逆恨みしてツイッターで「面接を途中で打ち切り、学生と真剣に向き合おうとしない不躾《ぶしつけ》な面接官だった」なんて悪口書いたりするんだろうな……。うぜぇ。何聞こうかな……）

マジメな話、面接ではこんなやり取りが案外発生するのである。**面接官はあくまでも「聞かれたことにお前答えろ」と思っているものの、学生は「とにかく自分がいかに優秀かを売り込みたい」と考えている。**

ここには明確なミスマッチが存在する。学生の側としては自己のアピールができたと考えるが、面接官は

「言われたこともできないバカ」

としか捉えない。

これが準備をし過ぎることにより発生する弊害なのである。面接というものはあくまでもコミュニケーションを取れるか、我が社とこの学生が合うか、ということを見極める場であり、和牛の品評会とは違うのだ。ここを分かっていない学生が気負い過ぎて死屍累々《ししるいるい》となっていく。

自分の土俵で、面接官の知らない話をする

学生の浅はかな考えで面接に臨むと、時に斜め上から質問がやってきて狼狽することと

なる。また、何が面接官にウケる話かというのは分からないものだ。都内の私立大学から通信系の企業の内定を獲得した木下さん（仮名）は長年の伝統がある学生寮に住んでいる。この寮ではOBとの繋がりも強く、寮生同士も仲が良い。彼にとって大学生活でもっとも関与した場所がこの寮だった。よって、寮での体験、得たものを自己紹介では題材とした。

「自分を見つめ直したり、OBに自分がどんな人間かの話を聞いたりした結果、寮の話がいいかと思った。でも、寮の面白いところとかが、面接官に伝わらなくて、ウケが悪い。だから、途中から言うことが変わりましたね。元々野球やっていて、中学で全国出場をしたという分かりやすい話をしたらウケが良くなりましたので、以後は野球の話ばかりするようにしました。特にウケが良かったのは、『松井秀喜選手は高校生時代500回素振りをしてあそこまでの選手になった。僕は松井選手ほどの才能はないのでその2倍の1000回毎日素振りをしました。結果、打率は5割を超えていました』という話です」

大抵、人が食いついてくる話というものは自分が考え抜いたものではない。自分ではどうでもいいと思っている話や当たり前過ぎる話、大学以前の話であっても、**面接官にとって未知の世界の話だったら、食いついてくる。面接の成否を決めるのは、「いかに立派な人間であるかのストーリーが完成している」よりも「会話が**

成立するか」「興味を持たれるか」である。そのうえで前出P41の①〜⑤を感じてもらえれば、その面接は通ったようなものだ。

メガバンクの内定を獲得した都内私立大学の二宮さん（仮名）から、面接官ウケが良かったエピソードを聞いた。それはこんなエピソードだ。

「僕の実家は自営業で、会社と銀行が一緒になって大きくなるのを見てきました。給料を支払えるから、従業員の家族が幸せになることも理解できました。そして大学に入り、塾講師のバイトを始めたのですが、5人に2人か3人に1人が親の収入が減ったことが原因で塾を辞めざるを得ない状況を見てきました。塾をなんで辞めるの？ 親の収入が原因です――といったことが起きるのを目の当たりにし、銀行のように、企業経営の建て直しを手伝ったりする会社で働くことにやりがいを感じたのです」

優等生的ではあるものの、このエピソードは先輩からも太鼓判を捺《お》されたという。ただし、ドラマ『半沢直樹』（TBS系）のヒットを受けて、「銀行と中小企業が一緒に成長していく」というストーリーは多くの銀行志望者が使っており、やや使い古された感もある。二宮さんのように自分ごととして話せないのであれば、あまり使わない方がいいかもしれない。先輩が二宮さんに太鼓判を捺した理由も、単なるブームではなく、「実家が自営業」という裏付けがあるからこそである。

博報堂に通ったプロレスの話、その全記録

私自身の面接の話になるが、ふと「ウケる話」の神が降りてくることがある。仕事と一切関係がなくても構わない。私にとって必殺の話題となったのがプロレスについてである。私は一橋大学のプロレス研究会出身である。プロレス研究会といえば、プロレス観戦をしたり、プロレスラーの講演会を企画すると思われるかもしれないが、学園祭などで実際にプロレスをするのである。大学時代に最も頑張ったことかと言われればそうでもない。本当に頑張ったのは、筋トレであり、市立図書館で本を読むことである。だが、プロレスの話は妙に受けた。話はこんな感じで進む。

面接官 えっ？　プロレスを実際にやるの？　痛くないの？

私 いやぁ～ここはプロレスの暗部といいますか、まぁ、お約束と言いますか、なんですけど、基本的には『体を鍛えた人によるショー』的な側面があるわけです。ロメロスペシャルっていう技があるんですよ。吊り天井とも言うのですが、相手の両腕

を取り、両足を絡め、そのまま空中に相手の体を吊り上げるのです。これが見た目が派手で、客席がウォーッと湧くんですよ。一見すごく痛そうですが、実は気持ちいいだけ。『**あぁ、高い高いされてるな**』なんて思ってしまう。

面接官 なんだ、そうだったの！

私 あと、鉄柱攻撃ってあるじゃないですか。

面接官 うん、それは知ってる。

私 鉄柱攻撃って場外で相手選手を鉄柱にぶつけ、ぶつけた方が意気揚々とリング上に戻る。ぶつけられた方は悶絶している。若手が『大丈夫ですか！』なんて言いながら一斉に取り囲み、その後悶絶した選手が立ち上がると大流血。実況は『おーっと、○○選手、額がザックリ割れています！』なんて絶叫する。

面接官 あ、なんとなく見たことある。

私 でも、あれっておかしくないですか？

面接官 何が？

私 だって、普通、円筒の鉄柱に頭をぶつけたらタンコブができるだけで、切れはしないですよね？

面接官 た……、確かに……。

私『大丈夫ですか!』と囲んだ若手がコッソリとカミソリで額を浅く切って**血を流させてるんですよ。**いや、もちろん、その可能性がある……、というだけですが、ガハハハハ!

面接官 ガハハハ。そこは断言しない、ということで、ガハハハハ!

ここでの鍵は**「自分の土俵に持ち込む」**ということである。面接官にとって、自社の仕事や、社会人としてのマナー、社会問題、政治などについては年の功もあり、学生より圧倒的に知識があることだろう。だからこそ、そういった話をされても「浅いなぁ……」「無知だなぁ……」「キミ、背伸びしないでいいのに……」なんて思われてしまう。だが、プロレスの知識がある人など滅多にいない。ましてや実際にやった経験がある人など皆無である。学生の側としたら、こうした**「相手が知らないであろうこと」**を話し、「それってどういうこと?」と矢継ぎ早に質問をしてもらえるようなテーマを選び、そのエピソードを生き生きと楽しそうに話す。これだけでいいの

である。
ほとんどの話題についての知識量・考察力で私は面接官に負けていたが、プロレスについては負けるわけがない。こちらの土俵で勝負しているだけに、面接では主導権を握れる。

あと、**嘘をついてはいけない。一つ嘘をついてしまうと、別の質問をかぶせられた時に、別の嘘をつかなくてはいけなくなり、余計な頭の使い方をしなくてはならないのである。**答えると同時に「矛盾点があるかないか」という判断もしなくてはいけないのは実にツラい！　実体験に基づく話だけしておけば、スラスラと答えられる。ただし、徹底的に心がけるべきはやはり「ただ、聞かれたことに答える」ということである。そして、面接終了後に「なんか面白いヤツだったな」と思ってもらえれば、面接通過だろう。

場合によっては、筋トレの話をしても良かったかもしれない。それは、私の合理的な考え方ができるアピールにもなるからだ。もし選んでいたら、こんな話になったことだろう。

私　大学では筋トレばかりしてました。

—

面接官 えっ？　そんなに華奢《きゃしゃ》なのに？

私 いや、案外大胸筋ありますよ！　関東大会ではベンチプレスで5位になりました！

面接官 なんのために筋トレなんてやってたの？　特にアメフトとかラグビーをやるワケでもないでしょ？

私 いやぁ、モテたくて始めたんです……。

面接官 （正直なバカだな（笑））で、モテたの？

私 いや、全然モテませんでした。でも、筋肉がどんどんついていって楽しくなって続けていたら、体重60kg以下なのに体重の2倍である120kgのバーベルを上げられるようになったんですよ。あ、ベンチプレスって寝てバーベルを上下する運動のことです。

面接官 （けっこうやると決めたらやるヤツだな）へぇ～、そうは見えないね。そしてさっきの『5位』ってのについては？

私 東大の知り合いが体育会のボディビルディング・パワーリフティング部に入ってて、大会の準備をしている、と言ったんですよ。そこで『オレも120kg上がるよ』と言ったら、彼は『えっ？　それって60kg級だったら関東大会で優勝できるぞ……。

お前、出ろよ』と言ったんです。

面接官 そんなすごいレベルなんだ！

私 でも、大会に出るには大学が認めた組織ではないとダメなので、急遽山下裕子って先生を顧問にして『ベンチプレス軍団山田』という組織を作り、大学にワケの分からない『準体育会』という組織にしてもらい、学生連盟に申請したら通りました。たまたま、教務課の職員と仲が良くて、色々なことを融通してもらえたんです。

面接官 （ふむふむ、どうすれば大会に出られるか、という手順を分かってて、解決策も分かっているヤツだな……）でも、1位にはなれなかったの？　1位の実力があったんでしょ？

私 いやぁ〜、緊張しちゃって、足が上がってしまったとかで105kgでファールを2回しちゃって、3回目、最後の試技では、一気に120kgに上げて冒険するよりも例の東大の友達の助言に従って無難な105kgを確実に上げることだけを考え、慎重に試技をしました。5位にしかなれませんでしたけど、失格にはならず、記録は残ったので良しとしています。ところで、この競技で日本一強い大学ってどこかご存知ですか？

面接官　日体大とかかなぁ……。

私　**実は東大なんですよ！**　これって東大生の賢さが顕《あらわ》れているんです。

面接官　どういうこと？

私　スポーツ推薦がない東大を含む国立大学って、昔からスポーツエリートがやってる野球、サッカー、陸上といった競技では私立に勝てるわけがない。そこで、賢い東大生は、『今から始めて勝てる競技ってなんだろう……』と思うわけですね。となれば彼らはアメフト、競技ダンス、ボートなんかの、多くの人が大学から始める競技を彼らは選ぶ。他の大学でもこれらの部にスポーツエリートはそれほど入らないから、競争できる。そして、その中でもボディビルやパワーリフティングはコツコツやればやるほど筋肉がつくので、努力の仕方が分かっている東大生には向いている。野球やサッカーは動体視力や脚力といった『才能』が必要ですが、筋肉を鍛えるのには才能はいらないんです。筋肉は努力だけでなんとかなるんです。

面接官　そういう考え方もあるよね。

私　絶対に勝てない分野では勝負しないってことでしょうね。僕の関東でのベンチプレス5位って、多分今年の一橋の体育会の中でも個人競技に関しては1番の成績ですよ！　サッカーとかだと『関東三部』みたいなところでやってるけど、ベンチプレスだったらいきなり『関東一部』で5位にもなれる。だから『関東○位』とかいう称号が欲しいんだったら、野球なんかやるべきじゃない。一橋生はベンチプレスやっとけばいいんですよ。

面接官（こいつ、案外策士よの……）はい。分かりました。

おすすめ面接ネタ10選

ここまでは私の例を挙げたが、「じゃあ、オレにはどんなのがあるんだよ！」と言いたくなるだろうから、ここでは私が知りたいことを挙げておこう。普段からニュースの編集を大量にしており、世間様が興味を抱くことが何かは分かっているので、こういったことは面接官も知りたいかもしれない。もし、これらについてあなたが詳しかったり、実際に関与していたりするのであれば、これらについて考察を深めておいても良いだろう。以下に出ていなかったら、世間が知りたそうなことを是非とも考えてみてください。きっと何かあるはずです。

・YouTubeで儲けるコツ
・ビールの売り子、男と女でどれほど売り上げの差があるか
・リアルお金持ちの生活
・1ヶ月の食費を1万円以下に抑える方法
・北海道の極寒生活の実態
・離島の生活の実態
・京都・五山送り火の日、関係者の動き
・3kmも走れなかった人がフルマラソンを走れるようになるための練習法
・1年間で1000冊漫画を読むチャレンジをした結果
・ツイッターのフォロワーの増やし方

「これって仕事の能力と何も関係ないじゃん!」と思われるかもしれないが、それでいいのである。会話がポンポンと弾めばそれでいいのだ。国内大卒採用の場合は、外資系コンサルティングや投資銀行、そしてよっぽどのブラック企業でない限り「ポテンシャル採用」である。「私のこれまでの経験はこの会社が求める能力に合うはずだ」なんて勝手に決めつ

けて、強引に仕事に結び付けることなど面接官は求めていない。だから、**面接では「自分が立て板に水のごとく喋れるネタを喋れ」**というのが勝利の鉄則となる。

「なんだよ！　結局口のうまいヤツだけが通るのかよ！」と思われるが、**仕事人として大成するのは口のうまいヤツである。**一生ついてまわる話なので、就活の時に口のうまさが内定の判断基準になることは至極真っ当なことである。

すべては適性。優秀なやつだけが通るわけではない

ただし、ペラペラと喋れることが重要なのではない。朴訥《ぼくとつ》と、淡々と喋るでもいい。きちんと会話を成立させることが重要なのだ。たとえば、私のプロレスの話の場合でも、「いやぁ～ここはプロレスの暗部と言いますか、まぁ、お約束と言いますか、基本的には『体を鍛えた人によるショー』的な側面があるわけです」とペラペラ言ったように書いたが、実際は「あのぉ、あんまりこれは言ってはいけないのですが、プ、プロレスって、『か、体を鍛えた人がやるショー』みたいなところもありまして……」とつかえながら言っていたかもしれない。だが、話は通じたはずだ。

私は博報堂の面接で最初から最後までこんな調子を貫き、結果的に内定を獲得したが、

一体どこが内定のポイントだったのか。正直「それはよく分からない」というのがよっぽど優秀だった前出⑤以外の内定者に対する評価の結論ではないだろうか。博報堂の場合は明確に決まっているワケではないが、「優秀枠」「堅実枠」「天才枠」「コネ枠」「クリエイティブ枠」に加え、少ないだろうが「変人枠」というのがあったと思う。

全66人の内定者の中で、私がこの1枠を獲得したのではともっぱらの評判だった。当時所属していた一橋大学商学部の「商品学」を専攻する片岡ゼミからは、5人が博報堂を受けていた。前年の先輩も6人が受けていた。2年間で11人が受けた中、唯一通ったのが私なワケで、先輩も同期も「なんでお前が通ったんだろうな……」と首を捻《ひね》っていた。そして、ゼミのOB会が開かれた際、博報堂の人事局のディレクターであるゼミの先輩・H氏に、通らなかった学生が詰め寄った。

「なんで中川なんかが通ったのですか？」

「中川なんか」とは実に失礼な物言いにも聞こえるが、私もこれには同意だった。どう考えても私以外の学生の方が論理的思考ができるし、賢い。博報堂という会社はマーケティングが強い会社とされているだけに、賢さが求められると皆考えていた。

「だって、こいつ、こんなに変人なんですよ！」

そこでH氏は数秒黙り込んだ後、こう言った。

「落とすにはもったいなかったんだよね」

どうやら、卓越した能力や頭の良さは感じられないものの、なんだか妙なポテンシャルを感じてくれたということだろう。しかし、この一言で他の学生は黙らざるを得なかった。それは就職活動が学生が思っているように「優秀なヤツが通る」というだけのものではないことに気付かされたからだ。

私も自分自身がなんで通ったのかは分からなかったものの、「落とすにはもったいない」という評価は最高の賛辞だと思ったし、このことを41歳になった今でも社会人や年上の人に話すと「なんとなく分かる」と言われるし、「そういう人も会社には必要だよね」と言われる。

会社という組織は多種多様な人々が集まり、お金を稼ぐ場所である。そこには画一的な「優秀」「コミュニケーション力がある」という存在ばかりが必要とされているわけではない。性格が暗い人も必要とされている。前出の曽和氏はこう語る。

「暗い人が欲しい会社とかもありますよ。葬儀屋とかね。すべてのものは、『適性』が求められるのであって、どっちが優れているという明確な基準はないと思っている。僕は、

要らないヤツは、一人もいない、という派ですよ」

なお、面接におけるタブーについてだが、都内私立大学から情報系の会社で働くことになった男子学生・山本さん（仮名）は、内定先企業の面接において、仕事の先にある目標について聞かれた時に、「作家になりたい」と正直に言ってしまったのだという。さらには6年で辞めることまで宣言した。それでも内定を彼は取れた。「会社はまったくその点については気にしていませんでした」と彼は語った。転職が多い企業風土も影響したのだろうが、正直な気持ちを言っても構わない。彼だって6年で辞めると宣言したものの、長く続けるかもしれないではないか。

さて、皆さんはこれから就活に関し、様々な情報戦に巻き込まれていく。就活を終えた学生達による、「あるある」エピソードを座談会形式で紹介しよう。座談会参加者は以下の通り。

A（私大・男 ―IT系内定）

B（私大・男 銀行内定）

C（私大・女 不動産系内定）

――皆さん、ざっくばらんに、就活で経験したこと、トホホなエピソード、あとは噂などを話してください。多分、これから就活をする人々ってどうでもいい情報に惑わされたり、何かガチッとしたルールがあると思っているので、そんな誤解を解くとともに、実態を教えていただけませんでしょうか。あとはどんな人がいたかなんかも含め、お話しください。

A 説明会で出会った別の大学の学生なのですが、人事部社員の名刺を大量に見せられたことがあります。個人的に仕入れた名刺をファイルに入れて持ち歩き、名刺自慢をするバカでしたね。なんで見せるの？　自慢したいの？「オレはこれだけ人事の知り合いがいるんだぜ、ドヤ！」と言いたいだけ。でも、彼は多分その人事の人達と仲よくないんですよ。行きたい会社の人事の名刺を持っているのがステイタスだと考えている。彼は僕の大学よりも随分とレベルは低いですが、オレはお前よりも上だ、と思いたいんでしょうね。

B 頭の良さ、悪さについてですが、とにかく「お勉強」の頭がすごくいい知り合いがいて、早稲田の某学部では抜群に成績がいい。そんな彼が就活ではベンチャーにこだわりました。理由は「かっこいいから」とだけ言い、それ以上は答えられない。その時「なんでこいつは、勉強やらせたらこんなに頭いいのに、他のことになると頭を使えなくなるの？」と思いました。喋りも長いし、何を言いたいのかも分からない。学者タイプなんですよ。それなのに、よく分からないベンチャーに行った。彼の能力はマジメなところにあるわけで、新しい発想をするタイプではないんです。独創性とかの方面に突っ込んで就活をした理由が分からない。明らかに資質がないところを目指していた。自分のことをマーク・ザッカーバーグみたいな人間だと思い込んでいるけど、そこは彼の得意分野ではありませんね。

C バカな人は、真偽不明なものを信じる傾向がありますよね。有名なところでは、「サッポロビールの面接では『男は黙ってサッポロビール』」と言い、黙っておけば内定がもらえる、という噂が流通しています。

A その噂、1990年台からあるらしいけど、「男は黙ってサッポロビール」なんてCM、何十年前の話だっつーの！

C 私はテレビ局も受けていたのですが、書類審査や面接に通ると噂の、真偽不明のエピソードを聞くと、皆がこぞってそれをマネ始める。フジテレビの木村拓也アナウンサーが、浅草で人力車を引くバイトをしていて、営業売り上げの新人記録を叩きだした、という伝説がアナウンス学校に残ってました。それを聞くと、途端に浅草で人力車を引くバイトを始める人が増えるんですよ。あとは横浜でベロタクシー（自転車タクシー）のバイトを始めたり。女子アナの場合は白のスーツがいいという伝説がある。フジテレビの女子アナ試験に誰かが白のスーツを着て受かったということで、今でも脈々と残っています。皆、伊勢丹で白の10万円するスーツを買うことになるのです。

B 電通のコミュニケーションシートに「私は熱い男です」と書き、いかに自分が熱い男かを伝えようとした学生がいます。彼は面接ではコミュニケーションシートを燃やし、「私が熱い男過ぎて燃えました！」と高らかに宣言して、当然落ちました。伝わらなかったんでしょうね……。

C ただね、こうした学生間で流布する情報って、特にネットで釣り師もいるから注意が必要。テレビ東京の4次試験の結果が○月×日中に発表される、と言われました。

その日の朝10時、「みんなの就職活動日記」（みん就）に、「結果通知、来ました。みなさんの分も頑張ります」なんて書き込まれた。すると「私のところには来てない。ってことは、落ちたのか……」と落胆する人が続出しました。でも、結局は釣り師。発表のタイミング前にそう書いて無駄に受験者を焦らせただけ。諦めさせて、次の試験の申し込みをさせないように仕向けただけです。

B 金融は、ネクタイが派手ではダメとみんな言ってましたよ。単なるイメージだとは思うけど、そんな説が流布していました。あとは襟にボタンがついているシャツはだめ、という説もありましたが、これも理由はよく分からないです。

――ところで、みなさん、SNSの活用はどうでしたか？　一時期しきりとメディアがソーシャルメディアを使った就職活動「ソー活」を提唱していましたが。

A 僕はブログをけっこう書いていて「見てください」というスタンスでいました。ただ、SNSでアピールする人は2％もいないんじゃないですかね。結局、面接がすべてですよ。人事にツイッターを見たと言われたことがありますが、SNSを見られていると意識したのはその会社ぐらい。ソーシャル就活に関しては、会社のフェースブックを見る。そこで人事がやっていたら、その会社はその後チェックするといった程度ですね。ＳＮＳを活用している学生はあんまりいないと思う。僕は、選考ごとに手紙を送ってお礼とかっていうのが面倒くさかったので、フェースブックで人事にメッセージを送ったりはしていましたけど。それも不要だったかなと思います。

B 社員のことを調べたりしていましたが、僕自身はＳＮＳは全然使っていません。第一志望だった会社のフェースブック、ツイッターは見ていました。ただし、社員個人のＳＮＳを見たりはしていないですし、僕の周りでも見ている人はいませんでした。ツイッター投稿もしません。

C 就活の時期、ツイッターでは、友人達が個々のつぶやきをリツイートするよう求めるんですよね。自分を人気者に見せたいみたい（笑）。

A 面白いのが、恨み節。リクルートを落ちた人は「もうＳＵＵＭＯ、じゃらんなんて使わない。結婚を意識してもゼクシィなんて絶対買わない」なんて書く。

B やっぱ、内定があるかないかで人間関係変わりますよね。内定がないヤツはサークルにもゼミにも来なくなる。望む会社に入れなかったら内定先も教えてくれない。結局、夏過ぎまで自動車会社の子会社の子会社に入ったことを教えてくれなかったヤツがいました。

A ゼミの仲間同士でも探り合いをしています。本当は受けているんだけど、あえて言わない、とか。「そこの面接落ちたよ」と受かっているのに言って、あえて安心させようとしている。

C ただ、すべて終わってしまえば、もう敵でもなんでもなく、最後は「まぁ、楽しく働こうよ」みたいな雰囲気にはなりましたよね。

全員 そうそう。

若手社員の言うことを真に受けない

2015年からは、就職活動が後ろ倒しになるため、水面下で学生にアプローチするリクルーター制度が活発化すると前出の曽和氏は語る。危機感を抱いた学生も積極的にOB訪問をすることになる。となれば、大学の近くの喫茶店やオフィス街の飲食店には若手会社員と学生が向かい合って座る姿を頻繁に見ることとなるだろう。学生は1人の場合もあれば、複数の場合もある。若手社員は2~3年目の人が多いだろう。ここで見られる光景はこうだ。

【社員】
・自信に満ちた表情でリラックスしている
・身振り手振りを駆使し、笑顔で楽しそうに喋っている
・学生の話を聞く時は腕を組んでウンウン、と頷いている
・足を組んだりもしている
・顎に手をやり、首をひねって「お前、分かってないな……」のポーズをする

【学生】
・背中をまっすぐに伸ばし、社員を直視し、頻繁に頷く
・メモを必死に取っている
・ゆっくり頭を上下させ「なるほどぉ……」「さすがですねぇ……」の意を示す
・愛想笑いを浮かべるか、真剣な眼差しを使い分ける

私は毎回この光景を見るたびに、学生に対して痛々しさを感じるとともに、社員に対し

ては「おっ、お前ごときがそんなエラソーにしやがって、ケッ」と思う。断言してしまうが、**大企業の1〜3年目の社員はまだヒヨッコ**である。若手商社マンが「オレはモーリタニアからタコを輸入していてさ。それを某有名タコ焼きチェーンに卸しているんだよね。なんというかさ、スエズ運河を通る手続きとかさ、色々な手配はやりがいがあるよ。あとはソマリアの海賊からどう船を守るかっていうことも考えていてさ。為替の影響もモロに受けるし、色々大変だけどね」なんて話しているのである。

学生は「ハア〜」「ホォ〜」と感心し続けている。だが、会社に入ったばかりのペーペーが「タコの輸入」「有名チェーンに卸す」「スエズ運河と交渉」「海賊から運輸会社を守る」を一手に引き受けるワケがない。これの一部に関与しているといった程度である。その関与の度合いも「会議に出て議事録を作った」「保険会社が持ってきた資料を先輩社員に配った」「タコ焼きチェーンでの打ち合わせに参加した」程度であることが多い。

学生にとってはどんなペーペーであろうが、憧れの会社の社員であれば、殿上人に相対するかのように感じているから、言っていることをすべて信じ切ってしまう。OB訪問を受けるような若手社員は、普段職場では「お前、ホント使えないなぁ……」「後輩の○○の方が優秀だよ」「もっと英語勉強しろよ……」「お前、ホントプレゼン下手だな」「エクセルの使い方ぐらい覚えろよ」などと先輩から言われているだけに、学生の前では「仕事がデキるオレ」を演じたくなるのかもしれない。

よって、**学生は若手社員の言っていることをすべて真に受けない方がいい。**あくまでもその会社が行っている業務を把握する程度にとどめ、面接に進んだ際のネタにするほか、「ＯＢでモーリタニアからタコを輸入している○○さんに会いました！　○○さんがものすごくイキイキと仕事をしている様子を見て、私もそんな仕事をしたくなりました！」とダシに使うための経験と考えるべきである。ないしは、その社員と気が合ったのであれば、適宜面接対策などを教えてもらうと良いだろう。

とにかく自分は学生で、**相手が社会人だからと言って過度に自分を格下扱いする必要もないし、相手を神格化する必要もない。**社会人に「会っていただいている」立場ではあるものの、学生が考えていることや、若者の間で流行《はや》っていることなどの情報を社員に提供し、お互い有意義な時間を過ごせたと思えることが理想的である。

相性と能力を分けて考えると、落ちてもそんなにへこまない

就職活動に苦しんだ学生がふと開眼した瞬間を紹介しよう。「能力よりも相性が重要だ」

と気付いた都内国立大学男子学生だ（内定先は自動車メーカー）。

「相性については内定を取ってからやっと言い始めるんですよね。受けている段階では、『志望動機は何を書いた？』『どういう試験内容？』みたいな話ばかりしていました。でも、受かった後は、相性の話をするようになります。結局そこが重要だったんだな、ということが内定を取ってようやく分かるのではないでしょうか。

面接での受け答えも当初とは異なるようになりまして、最初は、大学受験の試験と同じようなものだと考えたんですよ。受験では必ず正解と不正解がある。でも、面接では『いい体験をしていますね』『いい話ですね』と言われることに気付きました。〇か×じゃないんですよ。絶対的な正解はないワケなので、途中からは、『僕はこれが好きです、あなたはどう思いますか？』というスタンスで話すようになりました。ここまで言えれば、後は結局相性の問題なので、落ちても落ち込まなくなりました」

そうなのである。多くの学生はあたかも「受かった」「落ちた」と大学受験のような発言をし、「だから自分には実力がないのだ」と悩むのである。だが、**あくまでも就活は「相性」**であり、実力とは関係がない。いちいち落ち込まないでいい。

悪いが、私などブラック企業を除き、客商売の面接は通るワケがないと断言できる。「お客様」なんて言葉を使いたくないし、飲食店で注文に悩む客がいたら「さっさと頼めよ、この優柔不断のバカめ」なんて思ってしまう。百貨店の外商部で金持ちのマダムを相手にしていても、「この見栄っ張りめ」「ババア、お前にこんなもん似合わねぇよ、このデブが」なんて思ってしまう。基本的に知らない人間と喋りたくもないし、客の笑顔なんて見たくもないからである。こういった思想は面接官に見抜かれ、「こいつは向いていないな」と判断されて面接は通過しない。しかし、これもあくまでも私が客商売と相性が悪いだけの話であり、労働者としての能力が低いというワケではない。

志望業界には「いずれ行ければOK」ぐらいに考える

学生からすると、もしかしたら最初の就職先が一生を左右するのかと思うかもしれないが、そんなことはない。とある人事担当者からのこんな意見はあるものの、新卒の就職で失敗しても、人生なんとかなるものである。

「学歴に近いものですよね。一社目の『社格』といいますか、中途採用の時、ずっとベンチャーに行った人はその後もずっとベンチャーになります。書類選考の突破率が違いますね。『会ってみなくては分からない』と言うかもしれないですが、会ってるヒマがないから、選別する時に、一社目の社格を判断材料にしているんですよ。

3人しか採らないのに、100人の応募があった。となれば、『せいぜい会えるのは30人だよな……』ということで、過去の社格で落とす。本質的ではないのですが、絞る時の基準になっている」

私がいた博報堂に関して言うと、2015年現在、中途採用の人はかなりいる。もっと小さな広告代理店にいた人、メーカーにいた人、商社にいた人、PR会社にいた人など様々である。新卒の就職活動時に電通・博報堂への入社を希望していたものの、すさまじき倍率に撃沈し、意に沿わぬ就職先となったが、10年後、晴れて学生時代の本懐を遂げる、なんてことはよくあるのである。**一旦社会に出てしまえば、その後の中途採用ではそれまでの実績をキチンとPRし、内定を獲得することができる。**

新卒で入ったが方が企業文化の理解が深いといったところはあるものの、中途入社してもすぐに会社には慣れ、そこの一員になれる。あと強調しておきたいのが、就職人気ランキングの上位企業は待遇もいいし給料も良いため、日本全体で見た場合の転職率よりは低いが、それでも辞める人間はいるという点だ。学生の時はその会社に入りたくて受験し、内定を獲得し、働くわけだが、辞めてしまう。その一方、転職者がこれだけ多いのに、それなりに幸せな人生を送る人々が多いのは、人生が一社目によってすべて左右されるようなものではないことの証左であると言えよう。

実は私自身は博報堂に入ったものの、学生時代、広告業界は第二志望だった。第一志望は出版業界だったのである。理由は元々作家・椎名《しいな》誠《まこと》氏と漫画家・東海林《しょうじ》さだお氏をロールモデルとして崇《あが》めており、彼らのような男になりたかったからだ。

彼らは編集者と打ち合わせをしている様を描いたり、食べ物に関するエッセイを書いたりする。「ふざけんな、エッ！　と言いたい」「バーンバーン（怒りのあまり机を叩く音）」といった独特の文体は憧れの的であり、「いつか椎名さん・東海林さん的な世界に行きたいものだ」と考えていたのだ。

その近道が出版業界だと思ったのだが、小学館の応募書類を取り寄せてそのレベルの高さにギョーテンした。あまりにも高度な課題がそこにはあったのである。一体どんな課題だったのかは覚えていないが、その場ですべての出版社の受験を諦めさせるほどのインパクトがあった。「どうせ講談社も集英社も同じくらい難しいんだろう……」と考えたのである。

そして17社を受け、唯一博報堂の内定を獲得したが、２００1年春、丸４年で会社は辞めてしまった。このまま惨め2な無職生活に突入し、生活保護を受給するのか……。あぁ、お母さん、お父さん、なんでボクを産んだのですか？　ボクなんて産まれてこなければよかったのに……なんて思ったものの、なんとその直後に出版業界に潜り込んでしまうのである！　そこからは博報堂時代のツテや経験を活かし、広告・広報の仕事をやりつつ、出版業界・IT業界にどっぷり浸かるようになる。

そして、2015年の今では夢にまで見た「編集者と酒を飲みながら打ち合わせ」という状況が日常的になっており、「回り道はしたけど、結果オーライじゃん」と思っている。

フリーに転向し、やりたい仕事を取りに行く

自分のやりたい仕事をする場合、正社員になるより、案外フリーランスでかかわってしまった方が手っ取り早いというところはある。

どうやるのか――。

知り合いに「仕事させてください」と言うのである。ないしは、その業界にいる知り合いから「手伝ってくれ」と言われるのを待つのである。私の場合、無職だった時に、大学時代の同期で日経BP社の治部《じぶ》れんげさん（現／編集者・ジャーナリスト）から「日経エンタテインメント！」のライターにならないか、というオファーを受けた。これが初の出版界の仕事である。その後、博報堂時代の先輩・嶋浩一郎《しまこういちろう》さん（現／博報堂ケトル社長共同CEO）から、彼が当時出向していた朝日新聞が発行するタブロイド紙「セブン」のライターにならないかと誘われ、完全にライターになった。

さらには、編集の業務をするにあたっては、元々好きだった「テレビブロス」（東京ニュース通信社）という雑誌の編集部に売り込みをかけた。テレビブロスはテレビ誌を謳っていたが、実情は「テレビ番組表のついたサブカル雑誌」であり、様々な珍企画が掲載されている雑誌だ。「手紙の書き方」「お茶漬け特集」「石立鉄男特集」などありとあらゆるテーマで好き放題特集を作る雑誌で、コラムにもピエール瀧、石野卓球、爆笑問題、松尾スズキなど、一癖も二癖もあるような執筆陣が揃っていた。

元々憧れの媒体だったため、編集部に「仕事ください」と電話をしてみたところ、あっさり決まった。その時はこんな会話になった。

私　あっ、ライターのなっ、中川と申しますが、けっ、K編集長いらっしゃいますでしょうか？

K　私がKですが……。

私　すっ、すいませんっ！　しっ、仕事をさっ、させていただけませんでしょうか？

K　はっ？？？

私　とっ、突然すいません。しっ、仕事をしたいと考えておりまして、でっ、電話を差し上げました。

この時私は相当緊張していたのだろう。浅草キッドが描くところのダチョウ倶楽部・寺《てら》門《かど》ジモンのような喋り方で終始話をしていた。この書き方は書く方も読む方も面倒くさいだろうから、ここから先は普通の喋り方にする。

K　それで、中川さんはこの仕事は長いんですか？

私　まだ1ヶ月ちょっとです。

K　はっ？？？

私　すいません、全然キャリアが長くないんです……。

K　じゃあ、それまでは何をおやりになっていたんですか？

私 今年の春までは博報堂にいました。御社のテレビガイド、ブロス、B.L.T.、テレビタロウのミニ広告枠を売ったりしていました。

K そうですか……（ここでしばし黙る）。**だったら数字とかはお強いですか？**

まさかの返しである。こちらとしては、ブロスで仕事ができるのであればなんでも良かったため、本当は数字に詳しいわけもないのだが、「一応、マーケティングデータを見たり、定量調査・キャンペーントレース的なことはやっていたので、ある程度の数字は分かると思います」と答えた。

いずれも「ちょっと見たことがある」程度なのだが、それらしき言葉を勢いで並べてみた。するとK編集長は驚きの提案をするではないか！

「あのぉ、ご存知の通り、ブロスは『まずいお茶漬けを食べる』とかバカバカしい特集をする雑誌なのですが、ちょっと私としては数字も使うような少しお利口な企画もやってみたいと考えているのですね。中川さん、博報堂にいらっしゃったということで、数字にはお強そうですから、一度お会いしませんか？」

なんという渡りに船！　私は「お願いします！」と即答し、アポの日程が決まった。ここでしみじみと感じたのが、過去の経歴の重要さである。恐らく、「経験1ヶ月のライター」であれば、K編集長は「今、忙しいんです」でガチャリと電話を切っていたところだろう。

というのも、ブロスは、全国のサブカルチャー好きなライター・フリー編集者・イラストレーターにとっては憧れの雑誌である。連日のように彼らから売り込みの資料やら電話が押し寄せていた。後にブロスの編集部に入り込むことになるので、その実態は目の当たりにするのだが、とにかくすごい人気だった。K編集長はなぜか携帯電話の番号を公開し、誌面で「ブロスの仕事をしたい人は電話ください」と公にしていたため、彼個人に対してもけっこうな数の電話が来ていたこともある。

話は「過去の経歴」のことだが、この営業電話で最も効いたのは「博報堂にいた」という部分であろう。断言できるが、いくら数字に強い、といっても「数学科を卒業しました」や「塾で数学を教えています」ではダメだったはずだ。

あくまでも「ブロスが求めるちょっとシュールで少しお利口そうで、遊び心のある数字の分析」を求めているわけで、そんな時に広告会社のマーケッターは適任である。私自身はマーケッターではなく、PRプランナーだったため、厳密には数字を扱うことはメインの仕事ではない。

だが、**なんとしてもやってみたい仕事の時は、多少のハッタリをかましながらも、とにかく「できます！」と言い切ってしまった方がいい。**そこから慌てて誰か、その道のプロを捕まえ、一緒に作り上げてしまえばいいのだ。２００４年くらいから、急成長中の某ＩＴ企業からの仕事の依頼は、「なんか、新しいことをやることになったんですが、中川さん、できますかねぇ……」というぼんやりとしたものが多くなった。その都度「はい、できます！」と言い、慌てて詳しそうな人やヒマそうな人を見つけることばかりしていた。だから、フリーとして重要なのはこれだ。

とりあえず仕事は受けておき、できるかできないかを考えるのはその後で良い。

そして、Ｋ編集長と実際に会ったのだが、「いやぁ～、ちょうど、数字が分かる人を探していたんですよ～」と言われ、早速仕事の発注があった。なんと、「**ＳＭＡＰ解散シミュレーション**」という特集の制作である。

当代きっての人気者・ＳＭＡＰは、その数年前からメンバーの不仲説や森且行《かつゆき》の脱退などがあり、業界では解散の噂が絶えなかった。そんな中発生したのが、稲垣吾郎メンバーによる道路交通法違反と公務執行妨害の容疑による逮捕騒動である。これは解散が決定的か！　と思ったK編集長は、ＳＭＡＰが解散した場合、どれほどの経済損失が発生し、日本経済にどれほどのダメージが与えられるかを考えてみたいというのだ。

もちろん、冗談のような企画ではあるものの、「これを数字を駆使して、大真面目にやっていただきたいのです」とオーダーされた。そして、総合研究所の研究員と分析した結果、９３０億円の経済損失が発生すると算出された。

真面目なテイストではあるものの、完全にフザけている。「解散を発表した翌日、全国で50万人のＯＬがショックのあまり出社できず、その日のＧＤＰが減った。一人あたりの日当が１２０００円だとして、50万人で60億円である」みたいな話を積み上げていったのである。

結局、この特集は制作途中にジャニーズ事務所をバカにしている、と会社の上層部にみなされて「大人の事情」でお蔵入りとなったが、この仕事以降、K編集長は私を気に入ってくれたようで、それからの4年間、大量の特集を作り続けた。

大学時代に夢破れ、出版は諦めたものの、フリーだったが故にまんまと入り込めたのである。しかも、自分が最も関与したい雑誌に、である。

「急がば回れ」は就活にも言える

テレビブロスの仕事に社員として関与するのはかなりハードルが高い。まず、東京ニュース通信社という毎年10人以下しか入れない会社に高倍率をくぐり抜けて入る必要がある。そのうえで、テレビブロス編集部に配属されなければいけないのである。新入社員がブロス編集部に配属されることなど滅多になく、しかも社員編集者は編集長を含め、3〜4人しかいない。

同社に入る人の多くは「ブロスをやりたい！」と意気込むものの（最近は違うらしいが）、結局は各テレビ局の記者室に詰める記者になったり、広告営業になったりするものだ。晴れてブロスの編集部に入れるのは5年ほどのそういった経験をした者の中から、適性が認められた数名だけである。ここに見られるように、学生が考える「正規のルート」で希望の仕事をすることはなかなか難しい。

私のように「自称・数字が強い博報堂出身のライター」がフリーランスとしていきなり営業をかけてしまう方が、よっぽどその仕事を獲得できるのである。「日経エンタテインメント！」では、CM関連の記事を書いていたが、これも「知り合いが編集部の関係者と顔見知りだった」ということと「CMのことが分かるライターがたまたま必要だった」という偶然が重なっただけである。そんな時に無職で広告業界出身の私はうってつけの存在である。

これらのエピソードで言いたいのは、**「案外回り道をした方がその道に辿りつけるよ」**ということだ。たとえば、ペットボトルの飲料の開発にかかわりたい、と考えたとしよう。その場合、飲料メーカーに就職するよりも「香料メーカー勤務」「デザイン事務所勤務」「JA勤務」などの社員・職員である方がかかわれるチャンスはあるし、こういった会社・組織の勤務を経た後にフリーランスにでもなろうものならば、飲料メーカーとの仕事のチャンスはさらに増す。

さらに言うと、私が出版業界を諦めるきっかけとなった小学館だが、ひょんなことから現在は同社に週2回行くようになった。しかも、本まで出させてもらった。

2010年2月、大学時代の部活の後輩・酒井君から連絡があった。

「ウチの社員向けに、ネットに関する講演をしてもらえませんでしょうか」

ネットと著作権や、出版社はネットにいかにかかわるべきか、といった話をしてもらいたいという。当然この仕事を受け、講演をしたのだが、終了後、Nさんという女性が話しかけてきた。「今度、一回お話を伺えますか」と言われたので、後日喫茶店でお会いし、ネットについて話をした。

彼女は完全なるアナログ人間だと自ら名乗り、私が言っていた「SEO対策」という言葉や「ネットの特徴はアーカイブ性」といった言葉には頷くものの、恐らくは何も分かっていなかったと思う。「今度、もっと詳しい者を連れてきますので、またお願いします」と言われた。

その後、出会ったのが、K氏である。K氏は小学館がネットでどのようなことをすべきか悩んでいるようで、当時、ネットに詳しい識者と会食を繰り返していたようだ。私は、小学館がすでに持っているコンテンツをネット用に再編集し、新たに見出しを作りニュースとして配信すればいいのでは？　と提案。

結局この提案が通り、2010年5月に役員のGOサインが出て、2010年10月に小学館の雑誌・「週刊ポスト」、「女性セブン」、「SAPIO」、「マネーポスト」の記事をネットで配信するサイト「NEWSポストセブン」が誕生した。

私は同サイトの記事を編集すべく、毎週水曜日と金曜日に小学館へ行っている。会社に入るためのIDカードももらえ、SAPIO編集部とマネーポスト編集部の間の机で週に2回仕事をしているのである。

そして、私の後ろのSAPIO編集部のデスクとして、酒井君がいるのだ。絶対にかかわることなどないと思っていた出版業界に入れ、さらには憧れの業界だった出版業界を諦めるきっかけとなった小学館にあれから14年後、無事に入りこめてしまったのである。博報堂の4年目に小学館の中途採用の募集に応募しても私は入れなかったことだろう。だが、あれから地道に色々な仕事をしていくうちに、「ネットに詳しい人」という立場を獲得し、それが小学館での仕事獲得に繋がったのであり、人生何が幸いするか分からない。故に、与えられた仕事はなんでも頑張っておけ、と思うのだ。

私のこの経験も含め、皆さんには最初の就職活動で失敗したからといっても絶望してほしくないのである。人間、その道に向かって日々コツコツと働いていれば、案外目的は達成できてしまう。

インターン好きの友達をおだてて情報収集

前述の通り、2016年度卒業生の就活以降、採用は後ろ倒しとなり、採用活動は水面下するというのが人事関係者が予測する動きである。となれば採用に直結する度合いが高まるであろう「インターン」が重要になるというのが定説である。企業からすれば、自社に合いそうな学生に唾をつけられるメリットがあり、学生からすると、企業とのパイプができるほか、本命業界の面接本番への良い練習となる。そして「**オレ、インターン5社やったぜぇ〜**」なんてお笑い芸人・スギちゃんみたいな喋り方をする学生が登場するのである。5社でインターンをするような学生は面接が得意な学生だからさておき、こういった話を聞いた時に焦る必要はない。

というのも、5社でインターンをしたということは、それだけその学生が他の人が入るべき枠をかっさらっていったということである。だからライバルの枠をその学生が奪い、企業と他の学生の接点を消したということなので、その人は別格の実力を持つ人で「いい人」なのである。しかし、実際就職できる会社は1社しかない。「5社やったぜぇ〜」男に対しては「さすが！　優秀！　お前、もっとやれやれ！」とおだて、インターンを彼の「趣味」化させ、後に「**10社やったぜぇ〜**」ともっと自慢できるようにするべきである。

そして、その学生とは仲良くなり、それらの企業の情報を徹底的に聞き出しておく。あたかも自分がインターンをしたかのような錯覚を持たせるほどの知識量を獲得しておけば、面接本番で役に立つ。だから、周りがインターンをやっている姿を見て焦る必要はない。彼らの合格を望み、自らはその間に趣味に没頭するもよし、勉強にいそしむもよしである。

インターンにバンバン参加する学生は、インターンに通ることが自己顕示欲の一つになっているが故に、おだて、情報だけを入手してしまおう。

こうは言ったものの、実際のところ、**インターンは無駄**である。インターンの実態の多くはベンチャーを除き、学生をお客様扱いするようなものであるため、仕事の本質の理解には繋がらない。貴重な学生時代の夏休みに1週間ほどスーツを着て通勤列車に乗り、1年後にはイヤというほど経験するオフィスでの時間を過ごすのも無駄だ。明らかに採用に有利になるというのであれば意味はあるかもしれないが、あくまで「その可能性もある」程度だ。やはり夏休みを会社で過ごすのはもったいない。旅行でも行った方がマシである。

社会人と酒を飲み、生の情報を集める

それよりもやるべきはOB訪問である。いや、OB訪問というか、**社会人の知り合いと酒を飲むことの方が重要**だ。そこで「仕事をする」ということがどんなことか、そして面接で何を言えば良いのかなどを聞く方がいい。

社会人と会う利点については、あまりに生々しい仕事の世界の現実を知れるほか、よっぽどのケチではない限り、酒代は出してくれるため、タダメシ、タダ酒にありつけること

にある。**インターンに参加して他の無知な学生と「仕事ごっこ」的議論をする時間よりも、社会人と濃密な建前排除の腹を割った話し合いをする方がのちの面接対策になる。**

ＯＢ訪問を行う際、自分のことをアピールする必要はない。故に、スタンスとしては、**「先輩！　頼みますから無知な私に先輩の会社のことを教えてください！　どうすれば面接が通るかも教えてください！　あとは、私がどんな仕事が向いてるかについても、ついでに教えてください！」**というもので良い。希望する会社なのであれば、とにかく面接に通るコツを教えてもらうとともに、そのＯＢと自分の相性を鑑《かんが》みて、その会社と自分の相性が良いかを判断する場だと考えれば良い。

就活における面接の基本的な目的は「社会経験が自分よりも上の人とキチンと会話をし、興味をもってもらう」ということになる。普段から学生同士で「マジかよｗｗｗｗｗｗｗ、バカ過ぎるｗｗｗｗ」みたいなやり取りをしていたり、先輩であっても、「山田先輩、あざーっす！　マジ、ヤバイっスね！」程度の敬語しか使えない人間は、社会で必要な真っ当な敬語の使い方が分からない。ＯＢ訪問のアポの取り方でさえこんな感じになる。

「私はＯＢ訪問をしたいのですが、榊原さんの空いてる時間はいつですか？」

本来は「ＯＢ訪問をさせていただけませんでしょうか。榊原さんのご都合よろしい日程・時間をいくつか教えていただけませんでしょうか」と言うべきである。とかく学生の喋り方というのは自分本位で失礼なものも多いため、ＯＢ訪問をすれば、本番の面接前に敬語の喋り方だけでもなんとか先輩に鍛えてもらえる。これだけでもＯＢ訪問をする意味はあるし、とにかく社会人との会話の経験数を増やしておくことは利点以外何もない。

時々、美人な女子大生と会うと、驚くほど敬語・謙譲語がこなれており、物おじしない。一体なぜかと聞いたら「社会人との合コンが案外多くて慣れてしまいまして……」なんて言われる。男子学生はＯＬとの合コンなどそれほど経験しないことだろう。だからなのか、女子学生よりも、未熟に見えることが多い。面接本番に緊張せず臨むには、ＯＢ訪問だけでなく、合コンも含め、社会人と接点を持つべきだ。そのためにも、社会人の入るスポーツのサークルなんかに入っても良いかもしれない。「ＯＢ訪問」とはいったものの、別に自分の大学の先輩でなくとも構わないし、行きたい会社の社員に会うことが必須というわけでもない。そして、余裕があったら、エントリーシートなんかも持っていってしまって一読してもらい、ダメ出しをしてもらうべきだ。社会人は学生から頼られると親切にしてくれるものなので、その特権を活かさぬ手はない。

OB訪問は採用に直結していない

また、誤解して欲しくないのが、次の点である。

なぜか学生は、OB訪問でさえ、採用に直結していると思ってしまうため、キチンとスーツを着て、自分を頭よく見せようとする。だが、それは間違いだ。というのも、OB訪問に登場する社員に採用の権限があることなど皆無だからだ。基本的には、「まっ、学生が会いたがってるから会ってやるか。ペコペコしてもらえるし、すごい人扱いしてもらえるからけっこう楽しいんだもんね」と思って時間を作ってくれているだけである。男の社員の場合、OB訪問をお願いしてくるのが女性だったら「ウヒヒ、女子大生と喋るの3年ぶり!」なんて鼻の下を伸ばしているだけかもしれない。

採用とは関係がないので、完全に「場数を踏む」「面接対策を教わる」「礼儀を学ぶ」「社会人の雰囲気を肌で感じる」「自分の特徴を聞く」といった場だと考えれば良い。

　さらには、そのOBのプライベートな生活も聞いてみよう。どれだけの頻度で酒を飲むのかや趣味について、異性の好み、よく行く店などなんでもいいのだが、こういった話を聞くと思うはずだ。「**なんだ、カネ持っている以外、自分とあんまり変わらないじゃん**」と。これで、社会人に対する余計な畏怖《いふ》の念が消える。

　最後に女性に言っておきたいのが、「ボクには採用の権限があるんだ」と言ってくる男性社員に注意しろ、ということである。「面接に上げる前に、もう一度説明をしておきたい」など、なんらかの理由をつけては会社外で会うように仕向け、自分と会うことが内定への近道だと思わせ、エロいことをしてしまう、という不埒者《ふらちもの》が時々いるのである。

　弱い立場に付け込んだ実に卑劣な男だが、まともな会社であれば、社外で何度も会うことを奨励などするワケがない。何やらオイシイ話をぶら下げられたら疑ってかかるべきだ。

1章まとめ

★世の中就職できた人だらけ。あなたにも最適な

場所がきっとある。

★面接官も同じ人間。怖がることはない。

★面接ではとにかく「質問に答える」を意識する。

★「面接官が知りたくなること」を話せば勝ち！

★合否は「能力」でなく「相性」で決まる。

★インターンに行ってる暇があったら、社会人と酒を飲もう。

第2章

面接官は
神でも
巨悪でもない、
ただの
人間である

学歴のないやつが狙うべきはBtoBの優良企業

ここでは、私の就職活動を振り返ってみる。「オッサンオッサン、古いよ、チッ、今のヤングには通じないよ。ナビサイトもない時代だったんだろ?」という話かもしれないが、リクルーター制度全盛時代である。今回の就活後ろ倒しでリクルーター跳梁跋扈《ちょうりょうばっこ》、いい学生はいねぇがー！　状態になった場合、合致する話は多い。もちろん、当時はみん就もなく、余計な情報戦もなかったため時代背景は異なる。だが、同じなのは、「面接に通れば内定は取れる」という変わらぬ事実である。

私自身、博報堂の内定を取れたのは、国立・一橋大学に所属していたからだと考える。

残念ながら、偏差値の高い大学の方が有利な状況は変わらない。

それは長年培ってきたその大学のＯＢが、「あの大学出身者は使える」という評価を獲得してきたことが影響する。新設大学の学生でいくら優秀な者がいても、過去の実績がないが故に、アプローチには躊躇《ちゅうちょ》してしまうだろう。しかも２０１５年の採用活動以降、大幅に採用期間が短縮される。となれば、実績のない大学の学生へアプローチする機会はますます減ってしまうことが予想される。上位校の優秀層はラクに内定を獲得でき、超人気企業にはこれまでと変わらず応募者が殺到する。一方で、知名度のない会社にはさっぱり応募がないという状況も想定される。だったら上位校ではないいわゆる「Fラン大学」の学生はどうすればいいか。前出の曽和氏は語る。

「Fランはブラックにしか入れないとも言われることはあります。ただ、人気がないところに入ると、すごく視界が開けたところで、すっきりと闘えたりもするんですよね。何しろ敵がいない。たとえば今、ブラック企業として叩かれまくっているワタミさんとかに入る人って**剛の者**って感じがするじゃないですか。リクルート事件があった直後のリクルートでは、内定者が半分逃げたりもしているのですが、その時残った人達がまさに今、幹部をやっているし、今や人気企業でしょ？　そういう逆張りの判断ができるのであれば将来的に得をするんですよ。悪いことばかりではありません」

そして、そういった学生は総合商社や大手広告代理店、出版社など倍率が１０００倍にも達するような超人気企業を記念受験的に受け、宝くじを当てるがごとき低確率の勝利を目指す必要はない。就活人気ランキングの上位企業は敢えて外し、**上位校の優秀層が**

受けない企業の面接で目立てば良いのである。企業には採用計画があり、採用人数が決まっているのだから、最終的には相対的に優秀な学生を採用することになる。そういった指標で企業を選ぶのもアリだ。そこで曽和氏に企業選びのポイントを聞いた。

「消費者ではなく企業相手にビジネスをしている、いわゆる**B toB企業に目を向けてはいかがでしょうか。**京都の企業とかはB toBが多くて、そういった企業が『過去最高益だ！』とか言っていたり、世界で活躍している企業は部品メーカーだったりするんですよ。そこも狙い目ですよ。ターゲティングを、大手企業・人気企業に絞らなければ、実は今回の就活後ろ倒しがもたらすマイナスポイントの直撃を受けずに済むかもしれない。そんな風に思える学生がいるかどうかですね。学生ってみんなから『すごいね』と言われたくて人気企業目指して就活しているんですよ。

新幹線に乗っていると、B toB企業の広告が出てるじゃないですか。矢崎総業とか、ああいったところがを攻めると入りやすいです。しかも、大手企業、人気企業が優秀な学生を根こそぎ採った後なので、より目立ちやすくなってくるでしょう。

人材ビジネスの機能の一つは、単純にマッチングをして失業者をなくすことにあります。そして、産業間の労働力移転も必要ですね。しかしこれまで、これから伸びていく業界、強いところに優秀な人を入れ、日本を立国する、という後者の機能があまり果たせていなかった。今後、何らかの方法で人がうまく動けば、ＢtoＢで隠れた優秀企業に人が流れていくようになり、日本の人材の分布が最適化するかもしれません。大きな流れにはならないだろうな、とは思っているものの、僕が接触する学生にはそんなことを話していますよ。企業には、『人気がないところに、中堅校の優秀な学生があぶれそうなので、彼らを狙いましょうよ』と言っています」

どうだ！　希望が出てきたではないか！

就活の段階では、人気ランキング上位の企業にばかり目を向けがちだが、就職をすると「あぁ、この会社で働きたい」と思うこともある。たとえば、医療機器メーカーのテルモや情報機器メーカーのキーエンスなどは給料がかなり高いことを知るようになる。

なんとしても広告業界に行きたい！　と広告代理店ばかり受け、結局２００人規模の会社に入った知り合いは内定当初、「希望の業界に入れて良かった」と言っていたが、後に給料の安さに絶望する。入社後に酒を飲んだ時、こう言われた。

「いいなぁ～お前はさぁ。35歳ぐらいになれば年収１２００万円なんだろ？　オレなんてその頃になっても450～500万円ぐらいだよ。キーエンスとか入ってれば1200万円とか1500万円もらえたのに……。あぁあ、もっと隠れた優良企業を見つけとけばよかったよ」

業界にこだわり過ぎたが故に実利を取れなかった例である。だが、その中堅広告会社から電通・博報堂・ADKといった大手への転職は可能なので、それほど悲嘆する必要はない。

それと同様に、**偏差値の低い大学の優秀層は上位校の下位層よりも優秀であることは多い。**そこも見抜いてくれる人事担当はいるので安心して欲しい。

勝ち組コロシアムと化す同窓会

そもそも、なぜ私達は働いた方がいいのだろうか。私自身、学校を卒業した後は遮《しゃ》二《に》無《む》二《に》働け、という考えを持っているが、その理由の一つは同窓会に行けるからである。カネ出せば行けるだろ、と思うなかれ。同窓会という世界は、「自分がいかに勝ち組か」を格付けし合う場所なのである。

一橋大学1997年卒業の場合は、卒業から10年（2007年）、15年（2012年）に同大学のOB組織と密接な関係があるごと水会館にて大勢を集めて同窓会が行われた。2007年の時は157人が来た。1学年1000人程度なので、相当な出席率と言えよう。懐かしい顔が多かったが、やっている仕事を聞くとまぁ～実に華やかである。総合商社でドバイ赴任から帰ってきた者や投資銀行で巨額のカネを動かす者、ビールメーカーの人事など、皆イキイキと仕事について語っている。女性の場合は、小さな子供を連れてきて幸せそうな人か、バリバリのキャリアウーマンしかいなかった。「うひゃー、さすが、みんな活躍してるなぁ！」なんて若干の劣等感を抱くとともに、「同窓会ってもんは、今イケてるヤツしか参加できないもの」という結論を抱くようになる。

そんな中、「よぉ、中川ぁ～」と間延びした声で話しかけるヤツがいた。Mという男だった。Mと私はサークルやゼミなどの接点はなく、酒を飲んだこともない仲だったが共通の知り合いがいたため、互いのことはよく知っていた。大学卒業後は中堅の機械メーカーに入った。彼はこう聞いてきた。

「お前、何やってるの？」

「オレはフリーランスでライターとか編集者やってるよ」

「へぇ～、博報堂辞めちゃってたんだ」

「うん。とっくに辞めていて、もう6年前になるよ。M、お前は何やってるの？」と聞いたところ、Mは突然目を輝かせ、こう言った。

「オレ、無職！」

昔から風変りな人間ではあったものの、同窓会で出会った無職の男はMだけだった。仕事を頑張ることは、過去の友達との関係を維持することにも繋がるのである。結局、この同窓会で再会したA嬢とは酒を飲んだり、登山をしたりするなど、一時期頻繁に会うようになっていた。過去の知り合いとの縁を切らないためには、今を必死に生きる必要があるのである。


一橋を出ても、書類が通ったのは3社だけだった

それでは私の就職活動へ。当時は、「リクルートブック」と呼ばれる分厚い冊子がリクルートから送られてきて、そこに各社の紹介が書かれていると同時に、キリトリ線つきのハガキがついていた。このハガキを送ることにより、資料請求をするのである。人気企業のハガキには切手を貼る欄があり、不人気企業のハガキは料金後納で無料だった。やること自体は、リクナビはじめナビサイトが出来た今と同じだ。

資料請求をした個別の企業から送られてくる資料には1枚の紙が同封されていることもあった。「OB訪問のご案内」のようなことが書いてあり、社員の名前・部署・電話番号が書いてあった。これがリクルーターの名簿なのである。

これこそが採用に直結する超重要な名簿なのであった。しかし、これらの紙は関東であれば東大、早慶上智、東工大、一橋、ICU、筑波、東京外語大学の学生にのみに同封されるケースが多い。別の地方では分からないが、旧帝大の学生には届くことだろう。ここに記載された電話番号に電話すると、相手は心得たもので、早速アポ取りに入る。そして実際に会った後、別のOBにもアポを取り、複数のOBから良かったとの判定を受けた場合はある日突然、人事から電話が来て人事面接に上がったことを知らされるのである。

リクルーター制度はこのようになっているのだが、私の場合、前に述べたように第一希望の出版業界は試験に通る気がしなかったため、すぐに諦めた。そこで資料請求の後、会社説明会参加ないしは書類審査への応募を希望したのがまずはテレビ（日テレ、TBS、フジ、テレ朝）、である。他にも、広告（電通、大広、旭通信社（現ADK））に加え、ビールが好きだということでビール4社（キリン、アサヒ、サッポロ、サントリー）、前年の夏休みに経営コンサルティング会社のマッキンゼー・アンド・カンパニーでインターンをしたこともありコンサルティング会社（マッキンゼー、プライスウォーターハウス、ブーズ・アレン・アンド・ハミルトン）だ。それに加え、「働きやすい」と評判だったベネッセコーポレーションと、会社案内がやたらと夢に溢れていた先物取引のカネツ商事にも申し込みをした。

後に内定を取ることとなる博報堂は、ＯＢ訪問を始めており、その段階でＯＢから「別に会社説明会には行かないでいいよ」と言われていた。一般採用とは別のリクルーター採用、いわゆる指定校制の青田買いのルートに乗っかっていたのだ。

就職活動が始まった当初、私自身、ゼミやサークルの先輩が軒並み大手に内定していたため、余裕でどこかに入れると思っていたが、苦戦の連続だった。

結果を言うと、書類を通過できたのは日テレ、マッキンゼー、プライスウォーターハウスの3社だけだった。カネツ商事の説明会には結局行かなかった。最終的に広告業界に潜り込むものの、大広、旭通信社の2社は書類で落ちてしまった！　電通は会社に出向き、大人数でテストのようなものをやったが、これで落ちてしまった。

先輩達は錚々《そうそう》たる企業に入っているというのに、オレは何をやってるのだ……。こんだけビールが好きなのになんでビール会社でも全部落ちてしまうのだ……。しかも書類で……。故に、恥を忍んで言うが、私が経験した面接は書類を通った前述の3社に加え、博報堂だけなのである。ただし、これらの面接でのエピソードは生々しくも面白いので紹介し、最後に博報堂の内定を取るまでの経過を説明しよう。若干長くなるが、「採用の本質」「企業が採用にかけている思い」「学生は採用のことを何も分かっていない」といったことが分かると同時に、**「企業が採用にかける思いを正確に理解すれば、攻略もしやすくなる」**という具体例だとお考えいただきたい。「お前の時代とは違うんだよ！」とは思わないで欲しい。面接の基本が「人間が会って話をする」「相性が良さそうかを見極めるために会う」ことにあるので、これから私が書くことは普遍的な話である。

とんちで挑んだ、マッキンゼーの面接

【マッキンゼー】

会社説明会では前年のインターンでお世話になっていた人事担当の人もいたため、「おお！　Iさん！　お元気ですか！」などと言い、周囲の学生に対しては

「オレとお前らは違うんだからな、エッ！」

という雰囲気をプンプン醸し出す。「オレはこの六本木ファーストビルで去年1週間仕事し

て6600円の給料をもらったんだからな、エッ！」とさらにゴーマンに。当然1次面接は通過。2次面接も余裕で通るかと思ったら、以後まったく連絡なし……。嗚呼《ああ》、インターン効果はなかったのか……と絶望的な気持ちになる。ちなみにインターンの面接を通った時の受け答えを紹介しよう。この手の質問は本番のグループ面接でも時々ぶつけられるだろう。これがコンサルティング的思考なのかどうかはよく分からないが、とりあえず面接を通った受け答えだ。その時は、学生3、面接官3だったと思うのだが、課題は「東京の緑を2倍にする方法を考えなさい」だった。

私は3番目に答えたのだが、他の2人は「屋上緑化を推進する」「これ以上開発をできなくし、緑を増やす条例を作る」と答えた。考える時間がより長く与えられたのはラッキーだった。私はこう言った。

「東京って案外緑は多いです。広大な面積を持つ青梅《おうめ》・奥多摩《おくたま》の方なんて緑だらけなんで、これを2倍にするのは無理です。島嶼《とうしょ》部も緑だらけ。23区を見ても皇居・代々木公園という巨大な緑の場所があるわけで、こんなムチャなことを誰に頼まれたのか？　ということを考える必要があります。恐らく、『東京は緑が多いな』という印象を都民、観光客、外国人などに持ってもらいたいと東京都庁が依頼してきた、と考えるのが妥当です。

ですから『2倍にするにはどうするか?』という質問も『2倍に見えるにはどうするか?』と解釈すればいい。今から東京のアスファルトを緑化するのは難しいし、屋上に緑を植えても航空写真でもなければ緑は見えない。そこで出てくるのが鉄道です。鉄道各社に協力を依頼し、補助金を出して線路の脇に杉を植えればいい。成田空港からの成田エクスプレスや京成スカイライナーの線路に緑があれば、外国人にも東京の緑の多さをアピールできるはず。線路の脇に木を植えておけば、防風林にもなって、強風による電車の遅延も防げるでしょう。通勤とかで電車に乗っている時間は長いし、外を見ていて常に緑があるのであれば、『東京は緑が多いな』と思えるはずです」

通常の面接でもこういったとんち問題は出てくるだろうが、クソマジメに考えると撃沈しがちだし、他の受験者と似たような答えしか出ない。恐らくこういった面接での質問で無理難題が出た時は、「その無理難題をどう解釈するか」という視点が重要なのだろう。それはさておき、マッキンゼーは2次面接で撃沈。

「オレはコンサルに向いてない」と気付かせてくれたプライスウォーターハウスクーパース

【プライスウォーターハウス】

正直、実はほとんど覚えていない。グループディスカッションをやったのだが、そこにいた学生は東大・慶應・法政・駒澤と私。東大と慶應の2人が「東大では〜」「慶應では〜」とやたらと大学名を連呼して張り合っていたことと、他の人が意見すると「なるほどぉ〜、でもね」と否定していたのは覚えている。私はこの雰囲気に気圧《けお》され、ほぼ何もしゃべれなかった。

そして、恵比寿ガーデンプレイスでのグループディスカッションが終了後、敷地内のサンジェルマンというパン屋兼イートインスペースで「意見交換」をしようと東大と慶應の学生が言う。特に予定もなかったので行くことにしたのだが、法政と駒澤の学生は「次があるので……」と断る。すると、東大と慶應の2人は、サンジェルマンの2階でいかに法政と駒澤の学生がバカで、自分が賢いかを延々アピールするのである。そして、どれだけ自分がコンサルに向いているかを力説されたので、「あぁ、オレはコンサルは向いてない」と判断し、他のコンサルは受けないことを決意する。

【日本テレビ】

「面接官にもバカはいる」と教えてくれた日本テレビ

これが第一章で書いた「面接官もクソをする」という真理に気付いた面接である。実に重要である。日テレが麹町《こうじ》町に本社があった時、社屋前には大行列ができており、いずれも「**オレ、クリエイティブ**」の雰囲気をプンプン漂わせる剛の者が勢ぞろい。この雰囲気に萎縮しつつも、面接ブースへ。30代後半と40代中頃の現場ディレクター然としたオッサン2人が登場。その時のやり取りを紹介しよう。

面接官A 志望理由はなんですか?

私 映像ってこれから儲かると思うからです。

面接官AB (顔を見合わせて)へっ?

面接官B えぇとぉ、何か作りたい番組ってないんですか? 普通、「『電波少年』みたいな番組を作りたいです!」とか「『風雲!たけし城』みたいな番組を作りたいです!」とか言うものだけど。

私 いや、その辺の話は他の学生も色々言ってると思うんです。僕だって番組は作りたいけど、でも会社って儲かること大事じゃないですか? そこら辺を考えて、テレビ業界ってその金脈を持っているような気がしまして……。

面接官A それってどういうこと？

私 たとえば、我々大学生が土曜日の夜に誰かのアパートで集まると、『電波少年』の時間だぞ」なんて話になるんですよ。そこで皆で食いいるように見る。でも、そこで「松村邦洋《くにひろ》が村山富市《とみいち》首相の眉毛を切った回は面白かったよね」なんて話をされても、それを見る術がない。でも見たい。

面接官B 何が言いたいの？

面接官A 作りたい番組ないの？

私 いや、作りたい人はたくさんいるんで、僕は作ったものを使い、いかにカネを再生産するかを考えたいんですよ。今のテレビ局のビジネスだと、オンエアして広告取って終わり。ビデオにパッケージ化すれば、いつでも見られる。その著作権も持っているし、出演者とのコネもある。だったら、いかに1回のオンエア以外でカネを生み出すかが重要になるんじゃないでしょうか。

面接官B う～ん。

面接官A あのさ、番組は作りたくないの？

私 いや、作りたいものはありますよ。

面接官B じゃあなんでその話をしないの?

私 だって15分しか時間ないんですよ。こっちは仕事欲しいんですよ。他の学生と同じようなこと言っても仕方ないし、僕自身、商学部なんでどうやってカネを儲けるかという視点を持って勉強してきたワケで……。テレビ局の儲けの一つの考え方を今言ったんですけど。

面接官A たださぁ、「制作」という枠で応募してきたワケでしょ? それなのになんで作りたい番組を言えないの?

私 だったら作りたいのは、『ぶらり途中下車の旅』みたいな番組です。「コンテンツの再利用」って枠がないから「制作」にしたので……。

面接官B う~ん。(と言って2人は押し黙る)

面接官A (面接官Bを見ながら)それだったら子会社の日本テレビビデオだよなぁ?

面接官B そうですよね。日本テレビビデオですよね。

面接官A キミ、日本テレビビデオ受ければ? この近くにあるからさ。

私 いや、僕は日本テレビを受けに来たわけで、日本テレビビデオという会社を受けに来たわけじゃありません。

ここまで私は「ははぁ〜、私の憧れのお日本テレビ様のお制作ディレクター様のお時間を取っていただきましてありがとうございますっ！　ははぁ〜！　わ、私ごとき無能な者ですが、なにとぞ、つ、次の面接に進んでいけるよう、ご配慮をお、お願いします！　ははぁ、あなた様はお日本テレビ様に入ることができた神様のような方であり、日本有数の優秀なお方々でございますっ！　ははぁ〜」と卑屈になっていた。

だが、この2人が子会社の日本テレビビデオを執拗に推薦し始めてから、私はこの2人をバカだと思うことにした。こちらは、日本テレビの商売の将来を考えた話をしているのに、2人は「作りたい番組」を聞いてるだけ。挙句の果てには「子会社を受けろ」と言ってくる。「聞かれたことに答えろ」と本書でも書いたが、私はこの面接では問いに答えている。「作りたい番組は?」と聞かれ、「それよりも私が考えたいことは『番組の再生産』」といい、「否定」という答えはキチンとしているのである。再度聞かれた時は『ぶらり途中下車の旅』と答えている。

結局次の質問は来なかったので、若干の沈黙が我々3人の間では発生した。**この時に私の中で「憧れの会社の社員・面接官=神」の図式がガラガラと瓦解した。**そして第一章の「**こいつ、クソするよな**」の真理に気付くのだ。しばらくの沈黙の後、2人は愛想笑いを浮かべる。そして面接官Aはこう言った。

「キミ、面白いね」

完全にバカにしきった言い方だったので、私はこう答えた。

「でも、どうせ落とすんでしょ？」

もう敬語は使っていない。バカ相手に敬語を使っても仕方ないし、間違いなくこの面接で通るワケがない。だったらもうどうでもいい。2人は私のこの答えに「へヘッ」と笑うだけだった。こうして日テレも落ち、面接が進んでいるのは博報堂だけになっていた。

評価「C」からはじまった博報堂の選考

【博報堂】

博報堂では、送られてきた名簿を元に、まずは営業のF氏に会った。元々私は広告会社とは、広告のコピーを考える会社だと思っていた。博報堂の場合、当時約3000人の社員がいたが、3000人が机に向かって毎日紙に鉛筆でコピーを考えているだけの会社だと思っていた。F氏は「広告会社って基本的には得意先のコミュニケーション上の課題を解決するのが仕事だよ」と言った。私は「えっ？　全員がコピー書いてるわけじゃないんですか？」と言ったら、「まぁ、書いてもいいけど、オレの場合は営業だから書くことはないなぁ……。得意先から仕事取ってくるのが仕事だよ」と答えた。

私は子供の頃「仕事」というものは、スーパーの店員とプールの監視員と教師と焼き鳥を焼く職人と、畑を鍬《くわ》で耕すことしかないと思っていた。これしか見たことがなかったからである。故に、自動車会社の社員である父親も、会社に行って鍬で畑を耕しているのかと思っていた。

この時と同様に、広告会社も全員が予備校の自習室のような場所で全員がコピーを書いていると思ったのである。ところがF氏によると、どうやら仕事はそれだけではないようである。約1時間の面談が終わった後、F氏は「オレが初めて会った社員でしょ？　まっ、オレ以外の人の話も聞いてみて」と言った。

正直F氏との面談では、話が盛り上がったとは言えないだろう。私があまりにも基本を理解しておらず、素っ頓狂なことばかり聞いたからF氏も不審に思ってしまったのだ。入社後、F氏と喋ったのだが、「いや、あの時はオレもワケが分からなくてさぁ。ヘンな質問ばかりされて。しかも、最初、ビルの1階で待ち合わせている時も、中川が遅刻していると思ってちょっとむかついていたんだよ」と言われた。

12時の待ち合わせだったのだが、実際にF氏から声をかけられたのは12時7分ぐらいだった。「時間を作ってやったのに遅刻しやがって、プンプン」とF氏は思っていたようだ。というのも、私はその日、父親のダブルのスーツを着て、メガネのレンズは茶色、カバンは持っておらず大きな封筒を持っているだけだったからだ。

「いやぁ、そんなオッサンみたいな学生いないもんだから、『印刷屋の人しかいねぇなぁ……。学生はどこだよ』と思っていたんだ。でも、あまりにも誰も来ないものだからお前に喋りかけたら学生だと言われてこっちもビックリしちゃってさ……」

リクルートスーツへの批判はあるものの、就活では「学生らしい」という振る舞い・格好をすることはもしかしたら重要かもしれない。なお、**「オレ以外の人の話も聞いてみて」というのは、「オレとはあまり合わなかったけど、他の人とだったら合うかもしれない」という意味である。**

後に自分がリクルーターを経験したから分かるが、F氏とのこの面談で私は恐らくABCDの4段階評価で「C」だろう。当時の博報堂の場合は、AかBを2人以上からもらった場合に、人事から連絡が来て面接に至るシステムだった。ただし、「2人」とは言っても、4人に会って2人からBがもらえる、というのが最低のラインだ。5人に会って2人であれば、半分以上のリクルーターはその学生を評価していないことになる。人事面接に上げるにはやや微妙なラインだ。その場合は、Bをつけたリクルーターが親切ならば、「お前、もう1人からBを取れ」と連絡が来る。そして「○○さんだったら恐らくお前のことを気に入る。多分Bはもらえる」と会う相手を誰にすべきかの助言までもらえるのだ。

通過した瞬間から、面接官は味方になる

これは、「相性」や「社風に合っているか」を特に重視する博報堂だけの話かもしれないが、世の中の採用活動全般のスタンスを表している。**学生の側は「落とされた、クソ！」と思っている**かもしれないが、**企業の側は「いい人に会えなかった、残念……」と思っている**のである。そして、採用の段階が上がっていくと学生は「敵をまた倒したぞ！」といった気持ちになるが、企業は「上がってきてくれたか、ホッ」と思うのだ。つまり、**姿勢がまったく逆なのだ。**学生は企業からいじめられているかのように思うものの、企業からすれば、優しくしてあげたい人をなんとか見つけたいと考えているのである。学生はこの誤解を解かなくてはいけない。**企業も学生をいじめるために時間を作るほどヒマではない。**

途中から分かってくるのだが、ある程度ふるいにかけられた後の学生は採用担当者からすると、「身内」になってくる。人事面接を一度通過したような学生は、人事担当者からすれば「頼む、次もちゃんと面接でまともな受け答えをしてくれ……。頼むから通ってくれよ」という気持ちになる。というのも、人事担当者だって採用人数のノルマはあるし、「はぁ、お前、よくあんなバカ通したな……」と次のステップの面接を担当する現場の社員などからイヤミは言われたくない。「今日の学生、皆面白かったよ。甲乙つけがたいね」と言われたいのである。

さて、博報堂のOB訪問の話に戻るが、次に会ったのはマーケティング局のI氏だった。元野球選手の新庄剛志のようなノリで「よっ、よろしく!」と勢いよく言うI氏とは話が妙にはずんだ。「で、中川君は大学で何やってたのよ?」と言われ、「プロレスとかですかね」と言ったところ、前出の「プロレスの真実」の流れになったのだ。

これで完全にI氏は私のことを面白いヤツだと思ってくれたようで、ペラペラと喋り出し、「お前、おもしれーな」と何度も言われた。そして「あっ、仕事のことも話しておこうか」と言った。マーケティング局なので市場調査の話などもされたが、「あ、そういえば、オレ、商品開発もやってるんだよ」と言った。そこからはこんな流れになった。

私　えっ？　広告会社が商品開発ですって？

I氏　得意先と一緒にさ、やるんだよ。商品そのものだって企業にとってはコミュニケーションだろ？　別に広告代理店だからって広告作ってるだけじゃないんだ。

私　じゃあ、ポテトチップスの場合だったら、農家を選んだり、ジャガイモの価格交渉とかしてるんですか？

I氏　そこまではやらないよ。まっ、オレの場合はパッケージ開発だな。オレがやった仕事で結構好きなのがあってさぁ。あのよ、お前、Xって商品知ってる？

Xとは、乳清飲料のことで、私も飲んだことはある。知っていると答えたところ、I氏はマジメそうにこう言った。

「得意先の課題はさ、やっぱり最大のライバルであるヤクルトにどう対抗するか、なんだよ。いや、ヤクルトの方が圧倒的に売り上げとかブランドイメージは上なんだけどね。ただし、栄養素とか味は決して負けているワケでもない。そこをいかに表現するかが広告、そしてパッケージ上の課題だったんだ。そのパッケージ開発をオレがやったんだ。な？これって商品開発だろ？」

私はコクリと頷きながら、広告会社がそんな仕事までしていることにギョーテンするとともに、I氏の話の続きを早く聞きたかった。

「得意先曰く、Xの栄養素はヤクルト16本分に相当するらしい。そこをちゃんとアピールしたいんだよ。もちろんパッケージに『ヤクルト16本分の栄養素！』なんて競合商品の名前を書くわけにはいかない。商品名を『X16』に変えるとか、『あの国民的乳清飲料16本分！』とかやればいいのかとか、色々と考えたんだけどさぁ、一番わかりやすいのは、ヤクルトの容器を16個並べりゃいいんだよ」

と言いながら、I氏はノートに1ℓ紙パックのイラストを描き、その1面の上の方にヤクルト風の容器のイラストを4つ並べた。

「1面にヤクルト風の容器が4つ、これが4面あるので、16個だな。これで『ヤクルト16本分！』を明確にアピールできるんだよ」

私はこのコバンザメ商法というか、単純すぎる発想に笑うしかなかった。

「な、おもしれーだろ。いや、オレもさぁ、これに気付いた時、オレって天才かと思ったよ、ガハハハハハ！」

しかし、私はそこで冷静に計算してみた。

「Iさん、ちょっとちょっと！　Xは1000㎖なんですよね。ヤクルトは1本65㎖だから、16倍しても1040㎖。500㎖でヤクルト16本分だったらすごいけど、そんなにすごくないじゃないですか！」

「ガハハハハ、バレたか。でも、いいんだよ。ヤクルトっていうすげーブランドを想起させ、それに匹敵《ひってき》する商品だということでXを買ってもらえればいいんだからさ」

帰り際、I氏は「お前、面白かったよ。もうあと何人か会ってみな」と言った。これはF氏の「オレ以外の話も聞いて」とは微妙にニュアンスが違う。こちらは高評価である。

I氏と別れた後、私はああやって楽しそうに仕事について語れるI氏みたいな大人になりたいと思った。そして、博報堂が関与する領域が案外広いことを初めて認識し、ちょっとした発想で世の中に何か新しいものを提供できる会社だと思った。当時、理系の人間は明確に「建築家」「バイオテクノロジーの研究」といった専門領域があり、それが就職にも繋がり、実にプロフェッショナルなニオイがしていたため、彼らに対しては若干のコンプレックスを抱いていた。さらに、メーカーに行っても結局は理系の人間が生み出したプロダクトを売るのが文系の仕事である。主役は理系だ（今ではそうでもないとは思っている）。だが、I氏の話を聞き、広告会社であれば、文系の人間が主役を張れることが分かり、広告の志望順位がここで上がっていった。

そしてその日、最寄駅のJR中央線・国立《くにたち》駅を降りてから自転車で家に帰る途中、スーパーに寄って飲料商品の棚を見てみた。すると、Xがあるではないか。I氏が言う通り、パッケージの一つの面に4本のインチキなヤクルト風イラストが描かれており、それがズラリと4面を囲んでいる。合計16本！　ヤクルト1040㎖分の栄養がギッシリと詰まった1本である（笑）。当然Xを購入し、家に持ち帰ったのだが、母親には「博報堂、サイコーだよ！　こんな感じで、自分がやった仕事がスーパーに並ぶんだよ！」と興奮しながら喋っていた。

以後、I氏の言いつけ通り、3人のOBと会った。1人に会うたびにI氏には報告をし、「あぁ、Tね。アイツはお前と合いそうだな。よしよし」などと言われた。そして、ある日、人事のH氏から電話が来たのだ。

「中川君を人事面接に上げるので、○月○日に本社に来れますか？」

この瞬間、天にも昇るような心地だった。「キターーーーー！」と織田裕二の目薬のCMのごとく喜び、すぐにI氏に電話をした。すると「あぁ、良かったね」と言ってくれた。

私のOB訪問の結果だが、恐らくこんな感じだっただろう。

F氏（営　業）C
I氏（マーケ）B
A氏（法　務）B
S氏（経営管理）C
T氏（営　業）B

あくまでもこれは、面談の時の会話のスムーズさや、どれだけ楽しい時間だったかを基準にしている。それから5年後、自分がリクルーターをする時もこれが基準になっていたため、恐らく私のこの予測は正しい。5人中3人のBならば十分に人事面接圏内である。

この段階で受けていた企業はすべて落ちており、博報堂が最後の砦だった。もし、これで落ちたら、再び様々な企業に資料請求をし、いちから就職活動をせねばならない。

H氏の指定した日程で博報堂に行くと、これからのステップについて解説された。

「次に、現場の部長クラスが出る面接があり、それに通ったら最終です」

人事面接というよりは、リクルーターの眼力が正しかったのかどうかを人事のプロが判断するような場であると感じられた。もちろん、H氏との面談で私がダメダメだったら、ここで落ちていたことだろう。こうして次のステップについて伝えられたということは、この段階でも通ったということだ。

ただし、H氏は私に注文をつけた。「今のままでは次に進めるかは分からないので、Iにもう1回会ってもらってください。中川君は、まだ何かが足りない。そこをIに補完してもらってください。Iに会った後、電話をもらえれば次の面接の日程をお伝えします」と言った。どうやら私のことを最も買ってくれているI氏は私にとって、「伴走者」という位置づけになっているようである。

そして、I氏に電話をしたところ、「あんまり時間がないな。もうボチボチ内定は出てるらしいから、さっさとやろう」と数日後に会ってくれることになった。会ってみると、面接対策を伝授するといった話になっていた。

I氏　あのな、多分、お前は面白い。ウチには合うと思う。だけど、緊張し過ぎる癖がある。だから新しいことは喋らないでいい。もうプロレスの話でもなんでもいいから、得意な話をしろ。ここまで来たら、あとはいかに入りたいかを言うしかない。なんで博報堂に入りたいの？

私　いやぁ～、Iさんが楽しそうだし、Iさんが好きだからだし、Iさんみたいな仕事をしたいからですよ。オレ、営業じゃなくてマーケやりたいっス。

I氏　それでいい。志望理由とか聞かれたらオレの名前を出せ。「Iさんというマーケティング局の人が楽しそうだったから」とかそんな理由でも大丈夫だ。内定取れよ。

そう言って、I氏は私の肩を叩いた。

人事は「圧倒すべき敵」ではない

ついに現場の部長級による面接の日が来た。2人の部長とその脇にはH氏がいる。なんとなくH氏の表情はこわばっている。私が答えに詰まったりすると、心配そうな顔をし「バカ、焦るな、焦るな！」と心の中で言いたいように見えた。
私がI氏の助言通り、プロレスの話をしたら面接官はドッと湧いてくれ、なぜ博報堂に入りたいのかを聞かれた時も「あっ、Iさんがいるからです。Iさんみたいな仕事をしたいからです」と言った。これは正直な感想だった。そして、和やかな雰囲気で面接は終了。

H氏と廊下を歩きながら喋ったが「あの様子だったら多分今日の面接は通ったな。また連絡することになると思う」と言われた。そして、最終面接の心構えを聞いたところ「中川君は緊張し過ぎるところがある。楽しそうに、笑顔で臨んでね」と言われた。

ここで私は「人事」と「リクルーター」の役割を完全に理解した。

——彼らは学生の味方だ。 彼らはオレを入れたがっている。そして、最終決済者であるもっとエラい人にオレをどう売り込むべきかを教えてくれている。**人事は敵ではなかったアッー！**

そうだ。これが就職活動の本質なのである。

いよいよ最終面接。役員2人と人事局長、それにH氏がいる。さすがに年齢がかなり離れたエラい3人がいるだけに私はダラダラと汗を流し、しどろもどろになりながら、受け答えをした。笑いはほとんど取れなかった。H氏は「お前、普段のお前を出せ！頼むよ！」と懇願するような目でこちらを見ている。そこから先はもう何も覚えていない。挨拶をして部屋の外に出てロビーを通ると、中学と大学の同級生である土屋君がいた。

「おっ、中川！中川も最終に残ってたの？」

「えっ、土屋！受けてたの？」

「うん、受けてたよ。何聞かれた？」

「なんで博報堂に入りたいのか、とか、なんで電通じゃないのか、とかかな」

そこで土屋君は呼ばれたので彼の武運を祈り、私は初夏の神保町の街に出て行った。なんで博報堂に入りたいのかについては「Iさんみたいな仕事をしたいから」で押し切り、電通ではない理由については「書類とペーパーテスト一発で落ちたので、多分フィーリングが合わないのでしょう。僕は昔からナンバーツーの方が性に合っているような気がします。東大にも入れませんでしたし」と言った。この時だけは少し笑ってもらえた。

イカ臭い和室での号泣、いちごジュース

しかし、神保町の街を歩きながら、思うことは「失敗した」「なんであのネタを言えなかったのだ……」という後悔ばかりだった。そこから電車に乗り、自宅に帰ると母親が「どうだった?」と言ってきた。元々母親は「あんたは安定した財閥系に行きなさい」などと言っていたものの、あまりにも楽しそうにI氏のことや博報堂のことを語るものだから、博報堂への就活を応援するようになっていた。

就活においては、親の押し付けはあまりしない方がいいだろう。助言ぐらいはしても良いが、子の志望意向が高まっている会社や業界ができたのであれば、頑なに「そんな会社……」や「お前はオレみたいに鉄鋼業界に行け!」などとは言わない方がいい。もう大学4年生は親離れしているのである。

夕方17時、母親に博報堂から電話があったかどうかを聞いた。最終面接当日に内定の有無の連絡はあるという。面接終了が14時だったので、あれから3時間、そろそろ結論は出ているはずだ。だが連絡はない。18時半、外は暗くなっている。それでも電話はない。私は焦り始め、これから採用活動が始まる総合商社を受けることを決めた。もはや入れるのであればなんだっていい。ゼミのOB名簿に出ていた住友商事と三菱商事の先輩に電話を

し、OB訪問のお願いをした。すぐに日程は決まったものの、何せ商社への関心なんてほとんどない。単に周りで商社志望者が何人かいたことと、そのOBがヘンな人で面白いと聞いていたから電話をしただけだ。

電話をした後、自宅の2階の和室へ。真っ暗な畳の部屋に寝転ぶ。初夏の夜、裏の栗林から精液のような臭気が漂い、時々涼しい風が吹いてきた。慌てて総合商社のOB訪問のアポは入れたものの、もはやカードは1枚も残っていない。友人達は着実に会社説明会のアポ入れをしたり、OB訪問を繰り返していたりするのに、私は博報堂に入れ込み過ぎ、まったくやっていない。時はおりしも就職氷河期。このままいくと就職浪人になるのではないか――あぁ、せっかく大学4年まで来たのに、もう1回やらなくちゃいけないのかよ……。すでに1浪しているというのに、留年したら生涯年収はいくら減るってんだよ……。友人達に顔向けできないし、親戚はなんと言うだろうか……。**あぁ、オレの人生、もう終わりだぁぁぁ。**

こんなことを考えていたら途端に涙が出てしまい、「うわーーーん」と大泣きしてしまった。これから来る絶望の人生が今日幕を開け、以後転落真っ逆さま、「無職」「ホームレス」「首吊り自殺」といった言葉が頭を駆け巡る。ひたすら絶望のシナリオを考え続けていたところ、階下の母親が「電話よ～！」と叫んでいる。

バタバタと階段を降りたら母親は小声で「博報堂のHさんから」と言った。私はドキドキしながら「はい、中川です」と受話器を持ち、答えた。

「あのさぁ～、明日、会社に来れる？」

「はっ、はい。何時でも大丈夫です！」

「悪い話じゃないから。14時に来て。ハンコ持ってさ。それじゃ明日」

「ありがとうございましたっ！」

内定であることは言っていないものの、「悪い話じゃないから」と「ハンコ持ってきて」は99％内定だろう。ここまで言っておきながら「これまで面接に使った時間、1時間880円あげるからさ、ハンコ押して」なんて話にはさすがにならないはずだ。母親は私が喜ぶ様子を見て内定を確信。2人して喜んだ。

そしてすぐに、I氏に電話をした。

私「今、Hさんから電話がありました！」

I氏「おっ、なんと言ってた？」

私「悪い話じゃないから、明日、ハンコを持って来いと言われました」
I氏「そりゃ内定じゃねぇかよ！　良かったなぁ！　よし、明日、オレのところも寄れよ」
私「ありがとうございます！　Iさんのお陰です！」

そして、翌日、14時に内定通知書を渡され「おめでとう」とH氏から言われた。ハンコを押し、帰ろうとしたところで「Iにお礼を言ったか？」と言われた。「当然ですよ！」と私は言った。近くのビルで働くI氏に会い、もう1人Bをくれたであろう A氏にも報告に行ったところ、神保町駅前の喫茶店「さぼうる」でいちごジュースを御馳走してくれた。

博報堂の件については、1人の学生に社員が懇切丁寧についてくれたパターンであり、「あんたは恵まれ過ぎだよ」と思うかもしれない。だが、通常の採用と共通していることは、**人事面接を通過した段階で、もう人事としては学生と一蓮托生《いちれんたくしょう》状態になるということである。**なんとしてもより優秀な人間を採用予定数確保して欲しい。そのためには、「伴走」をするし、面接を通るコツなども伝授してくれる。悪いようには扱わないだろう、ということだ。

面接に必要な、5つの「答え」

さて、こうして私自身の就活を振り返ったが、「どうすれば面接で好印象を与えられるのか」ということを一旦まとめてみよう。基本的には繰り返しになるが、「まともな会話が成立する」ということに行きつく。

その「まともな会話」とは何かというと、「聞かれたことに答える」「嘘をつかない」「相手が聞きたくなることを言う」「自分の得意分野のことを話す」ということになる。

決して「私は納豆です。その心は何事にも粘り強いところにあります」（参考『就活のバカヤロー 企業・大学・学生が演じる茶番劇』（光文社新書））といった一見身近な言葉だが、よく考えたらなんのこっちゃ全然分からない比喩を言うことでもない。就活生の間に蔓延している「学生時代に力を入れたことを美談風にまとめる」「組織のトラブルを皆で解決したプロジェクトX的感動ストーリー」「他人の幸せな様子を見て、心から自分も幸せに思える現代のマザー・テレサorガンジー的美しき性格アピール」でもない。

①何が好き
②何が嫌い

③どんな時幸せ
④どんな時に腹が立つ
⑤ある程度自分が優れていると思う点

これらを本心から語ればいいだけなのである。故に、極端な話を言えば、面接の準備などいらない。①〜⑤についてブレない回答を持っておけばいいのだ。

自己分析などしなくていい

ここでは面接の話をしたが、提出書類の「自己紹介」「自己PR」欄についてはどうすればいいのか。これも実際のところ、**「必勝法」はないが、私自身は①〜⑤に従って書けばいい**とさえ考えている。**しかも、これをすべての会社で微調整して書けばいいと思う。**「自分史」を書きだして、そこから感動的エピソードやもっとも多くの人を巻き込んだことなどをドラマチックに演出することも不要である。これまでやってきたことを羅列して、それらに共通することを自身の「ブレない一貫した核」と決めつけ、以後の発言をそれを元にして矛盾しないようにするのは実に面倒臭い作業である。

具体的に見た方が分かりやすいため、就活時点での私自身をこの手法で自己分析してみよう。客観的に見ると、この「共通点を探す」「核を見つける」自己分析というモノがいかにバカげたことで、まったくその人のことを理解できないことが分かるだろう。

〈幼稚園時代（5歳〜6歳）〉芋掘りが好きだった、女の子の手を握るのが嫌いだった
〈鷺沼小学校時代（6歳〜10歳）〉バッタとカマキリを捕るのが上手だった、くじ運が良く懸賞がけっこう当たっていた、近くに住む大学生に可愛がってもらえていた
〈立川第八小学校時代（11歳〜12歳）〉毎日放課後は誰かと遊んでいた、6年間で1度も休むことなく立川市から表彰された、体重が3ヶ月で15kg増えて147cm・57kgとなったが、翌年までに157cm・45kgまで減量した
〈立川第六中学校時代（12歳〜14歳）〉減量の結果、長距離走が速くなった、生徒会会計に当選、卓球部から野球部に転部
〈アメリカ時代（14歳〜19歳）〉陸上部でけっこう中距離が速かった、数学は得意だった、

〔河合塾時代（19歳）〕毎晩友達と遊んでいて仲間は8人いた
3人の親友ができた
〔一橋大学時代（19歳〜22歳）〕登山サークルで一番足が速かった、プロレス研究会では学園祭でウケた、京都まで貧乏旅行をした、台湾人留学生に日本語の指導をした

よし、これらに共通する点はなんだろう……。おぉお！　オレはけっこう体力あるぞ！　いや、これじゃ企業へのアピールにはならないかなぁ……。ムムム……、案外人から親切にされているし、仲間にも恵まれているな。よし、これだ！

「私は昔から不思議と仲間に恵まれていました。それは、普段から仲間の存在に感謝しているこそ、その気持ちを分かってもらえ、人が集まってきてくれるのかもしれません。つまり、私の核であり、私を表すキーワードは**『磁石』です**」

よーし、できたぞ、**オレは「磁石」となって内定を取りまくってやる、ウヒヒ。**

じゃあ、「磁石」を元にすると他に何が言えるかな。

「登山サークルで、どの山に登るかでケンカになったことがあります。その時、サークルが分裂しかけたのですが、そこで両派と仲が良かった私は両派の代表の話し合いの場をセッティングしました。これは正しい方角を指し示す『方位磁石』みたいなものです。これからも**私は『人を集め』『迷走した時に正しい方角に向かわせる』磁石みたいな人間でありたいと思います**」

どうだろうか。正直バカだろう。強引過ぎるし、なんの説得力もないだろう。だが、レベルは異なれど、これは日本全国の少なからぬ学生が就職活動をするにあたってやっていることなのだ。自己分析というものは決して「比喩能力」を見ているのではないのである。あるいは「共通点を探る」という「こじつけ能力」を見ているワケでもないのである。あくまでも「自分を知ってもらう」ということだけが重要なのだ。①〜⑤（ないしはこの中の一部）が感じられるようなものになっていれば、採用担当者が「この人はウチに合うな、はい、グループディスカッションに呼ぶか」「うわ、この考え、保守的なウチには合わない。はい、書類で落としとこう」と判断できるのである。①〜⑤を正直に書いておけば、**運良く面接に進めた場合、矛盾点がないような慎重過ぎる喋り方をする必要もなければ、矛盾が出た時に取り繕う必要もない。**「書類通りの人だね」ということで、むしろその方が「一貫性がある」と評価される。

だいたい、**OB訪問で「キミには核がないんだよ！」などと言う社員はバカである。**お前にあるのか、エッ！　と言いたい。人間は時を経るにつれて変わっていくものである。「核」だって変わっていくし、だいたい小学校低学年の時の性向が大学時代になっても同じだったら、そいつはまったく成長していないではないか。

人が変わる、という話で言えば、中高時代は名うての不良で補導沙汰を何度も起こしたような男が、30歳になれば幸せな家庭を築くパパになっていることなどしょっちゅうだし、突然凄惨な事件を起こした容疑者の子供時代は「頭の良い穏やかな子でした……」みたいなことはよくある。人間は変わるのである。だから「核」を聞くことに意味はないし、それを強引に見つける必要もない。

それでは一体①〜⑤に従ってどんなことを書けばいいのか。私が自分の就活の時に書いた「自己紹介」の文を紹介しよう。「お、お前、内定1つだろ、エラソーにしてるな」とは言わないでください。お願いします！　博報堂の内定を取れなかった場合、その後受けた会社ではこの文章を使いまわすつもりだった。

〔**自己紹介文**　中川淳一郎〕

私の最近の関心は「ことば」の本当の意味についてです。私は登山のサークルに入っているのですが、ある時軽音楽部の知り合いから「ウチのサークルは個性的なヤツが多いけど、お前のサークルには個性的なヤツはいないいな」と言われました。これに対し、この2つの部とは関係のない友人Aも「確かにそうだね」と言いました。

コノヤロー、と思ったのですが、これは「個性的」という言葉の意味を考えるきっかけになりました。彼が言うところの「軽音楽部の部員は個性的」ですが、私が見るところ、確かにオシャレな人が多いですし、長髪の人しかおらず、地味な学生が多い私の大学では目立ちます。しかし、個性的かと言われれば正直よく分かりません。軽音楽部の人同士が一緒にいたら、みな長髪なので、結局個性はそこで消えてしまっています。

一方、私の登山サークルを見ると、見た目は地味な人ばかりですし、穏やかな人だらけです。だからといって彼が言うように「個性的なヤツはいない」とは思えないのです。「イチローはあまり喋らないけど面白いヤツだよな」「森田はなんで何事にも動じないいんだろう」「尾形ってなんであんなに調子がいいヤツなんだ」――このように、すべての部員の特徴を明確に言うことができるのです。

友人Aは軽音楽部員は個性的だと言うが、登山部員は個性的ではないと言う。私は軽音楽部員はなんとなく個性的だと思うが、登山部員は明らかに個性的だと思う。でも、友人Aは両部の人間のパーソナリティを知らない。

ここで結論づけられたのは「個性的」という言葉は「単にその人のことを知っている」ということか「見た目が派手」という意味で使われていることです。人間は誰もが個性的なのに、いつしか「見た目が派手」「ヘンな格好」の代名詞になってしまった。これでは言葉が可哀想です。私はこうやって言葉の意味についてマジメに考えていきたいです。

一体これがなんの自己PRになるのかは分からないが、就活以外で当時もっとも関心があったことについて、ない頭で考え抜いたことをまとめただけである。①～⑤がまぶされているだけに、「自己紹介」という本来の目的は達成できているはずだ。これで落ちたのであれば、それは仕方がないことである。

内定が内定を生む

ここまで面接と書類について書いてきたが、本章の最後に述べたいのが案外成否を左右するメンタルの面についてである。本書を書くにあたり、無事内定を獲得でき、4月から働くことになった8人の学生から話を聞いた。彼らに会うまでは、「甘っちょろい考えを持った常に迷ってばかりの子羊のようなヤツらかな」と偏見を持っていた。

だが、8人全員が驚くほどシッカリしているのである。就活の茶番性はすでに見抜いているし、第一章の座談会で紹介したようなバカ学生とバカ面接官についても理解している。面接のポイントやエントリーシートに何を書くべきかも分かっている。話を聞いてみると、**全員が一度は迷走した経験を持っている。**それは闇雲に受ける会社を広げたり、色々な人に話を聞き過ぎて混乱してしまったり、ネットの誤情報に惑わされたりと様々だ。

しかし、卒業3ヶ月前の彼らが言うことに対しては「でもね、おじさんから言わせればね……」と反論する気にまるでなれなかった。すべての発言が堂々としており、理路整然としている。こりゃ内定取るわぃ、優秀だわ、人生分かってるわぃ、と思わせる雰囲気を全員が醸し出していたのである。言うことも実にまともだ。

通信系企業の内定男子学生が語る内定獲得のポイント

内定を取るためにやるべきことは、OB訪問が一番いいです。その会社に入った人が、面接で何を言ったか、会社で働いていて、面白いことは何か？を話してもらい、その話を面接でもしたらウケました。「君、そんなこと知ってるんだ！」なんて言われ、それが役に立ちました。すでに持っている人脈の有無によりやり易さは異なりますが、できればOB訪問はした方がいいです。

就職活動がスムーズだった人とそうでない人の違いは、「話せるかどうか」です。これがけっこう大きかった。会話が成立するか、説得力があるかです。つかえながら喋る人や、あまり自分に自信を持ってない人は受かっていないです。普段から自信を持ってハキハキしている人は通っているというイメージがあります。

不動産企業の内定女子学生が語る内定獲得のポイント

私は大学で建築の設計をやっていたので、自分がやってきたことを具体的に説明できました。模型、ポートフォリオ（これまでデザインしてきたものの作品集的なもの）を会社に持って行くとわかりやすいです。言葉で話すよりも実物があった方が伝わりやすいですね。理系の受験者は、視覚的に訴えられるのは利点でしょう。設計部署とかを受ける場合は模型とか大学で作ったポートフォリオを持って行けば、一目で「あぁ、すごい」みたいな話になる。面接官もことばよりも、視覚で見た方が分かりやすいと感じてくれるようです。プレゼン上手は面接上手ですよ

私は過去に何人もの悩める就活中の学生に会ってきた。オドオドして、完全に自信を喪失している。その一方、内定をいくつも取るスーパー学生みたいな人もいる。だが、就職活動後、この2人の差は縮まる。これは心の余裕があるかないかが影響しているのだ。

内定を1つでも持っていることにより、精神は安定し、自信が生まれる。

一度内定を取ってしまえば、内定の取り方は分かるため、別の会社の面接でも同様のことをやればいいし、ウケるトピックも、もう分かっている。これが内定をいくつも取るスーパー学生が誕生する理由である。もちろん本人の頭の良さやコミュニケーション能力もあるだろうが、「慣れ」と「自信」は大いに影響する。

本書のタイトルは『内定童貞』だが、ここに真意があるのだ。一定の年齢に達した男性の場合、女性経験がない時はさっぱり自信が持てない。周囲にカップルがボコボコと誕生しているというのに、自分は一切彼女ができない。オレは無能なのだろうか、魅力がないのだろうか、生きている価値がないのだろうか……と悩む。女性経験の有無が人間の価値にそれほど影響を与えるとは思わぬものの、その有無のみで人間の価値を判断してしまう。そして、童貞こじらせ期間が長引けが長引くほどますます自信を喪失していく。

だが、ひょんなことからその日は来る。飲み会がJRと私鉄、二つの駅が利用可能な場所で開催されたとしよう。お開きの後、たまたまJRに乗るのが自分ととある女性だけ。「あっ、由美さんもJRなんですね。一緒に行きましょうよ」なんてなり、おどおどしながら一緒に歩いていたらなぜかもう一軒行くことになり、気付いたらホテルに行くことになり、いつの間にか童貞は喪失していた、ということもある。

その時は「**あぁぁ、ついに本願成就！**」という感慨はあるものの、「**えっ？　こんなにあっさりと童貞って捨てられるものなの？**」なんて思う。以後、爆発的にモテることはなくとも、「いい雰囲気」に持ち込むコツはつかめてきて周囲の悩む童貞に対し「**あのよぉ、そこまで悩まないでいいんだよ**」なんてエラソーに言うようになる。

話を元に戻す。私が会った、内定童貞を無事卒業した8人は内定先に満足しているようではあったが、もしもう一度就職活動をした場合、納得できる留年理由があれば、複数の内定を容易に取ることができるだろう。それは、内定を取るコツを知っているからに他ならない。ここで話は私が内定を獲得した後のことへ。博報堂の内定を取った2日後、住友商事へ行った。焦ってOB訪問の約束をしてしまっていた、T氏に会うためだ。ゼミのOBではあるものの、面識はない。出て来たのは、茶髪でホスト風のチャラい人物だった。「おぉおぉ、片岡先生は元気か？」とゼミの指導教官の話を振ってきた。そして、特に仕事の話をすることもなく、いかに自分が先生の世話になったのか、さらにはOB訪問に来た後輩で誰が面白かったかなどを話し始めた。最後、会話はこんな展開になった。

T氏　お前、面白いな。今年も何人もOB訪問受けたけど、お前が一番面白いわ。よし、人事に紹介しとこうか？

私　いや、Tさん、スイマセン！　実は2日前に博報堂から内定をもらっちゃったんですよ。せっかくお時間頂いたので図々しく来ちゃいましたけど……。

T氏　じゃあ、博報堂に行くのか？

私　はい。そうです。

T氏　まぁ、そうだろうな。お前、通りそうな気がするよ。他は内定ないの？

私　ないですよ！　もう就職活動はこりごりですよ。

T氏　まぁ、お前だったらどこでも通りそうだけどな。気が変わったら連絡してくれよ。

それまで連戦連敗だった私が、内定を１つ取った途端、コレである。住友商事と言えば、就職人気ランキングの最上位企業の１つであり、まさかいきなり「人事に紹介しとこうか？」「お前だったらどこでも通りそう」などと言われるとは思わなかった。だが、**内定を1つ持っているという心の余裕が、内定を一つも持っていない他の学生と明確な差を生んだのである。**

早めに内定童貞を捨てろ！

だから、どんな企業でもいいから、1つ内定を獲得してしまうのがその後の就活をうまくいかせるためには重要である。各社人事も、学生が複数の企業を受けることなど重々承知だ。面接で「**A社には、すでに内定を頂いています**」なんて言われると、「なんとなくダメかなと思ったけどA社は内定を出したのか……**オレが魅力を引き出せてないだけなのかもしれん**」などと考え、急に質問攻めにしはじめたりする。ここでは、A社の規模は関係ない。「**内定を得ている**」**という事実が大切なのだ。**

別の企業の内定を獲得した後、最初に内定をくれた企業に辞退を伝えることは正直キツいだろう。人事からすれば、当初の計画が狂うワケだし、裏切り行為だから。とはいっても、自分にとって会社は1つだけ。会社にとって労働者はたくさんいる。内定者が1人だったらさすがに躊躇するだろうが、**あなた1人の存在は会社にとってはその人数分の1でしかない。**しかし、あなたの人生にとって会社は1分の1。100%だ。だから不義理であるとはいえ、**内定辞退は自身の栄えある人生・幸せな人生においては仕方がないことだ**と私は考えている。あとはいかに誠実に謝罪をし、お世話になったことへの謝意を示すかが重要である。

2章まとめ

★「不人気でも優良なBtoB企業」を狙う。

★バカ面接官は少なくない（だからこそ就活は「相性」なのである）

★人事／面接官は、敵ではない。

★就活は、実質5つの質問に答えられればOK。

★どこでもいいのでまずひとつ内定をとり、自信と余裕を手に入れる。

第3章

美辞麗句の裏にある、企業の本音を知れ！

採用ページに「夢・感動」が躍る会社は要注意

ある程度採用活動の全体像と企業が求めることは説明したが、ここからは、採用側の論理を紹介しよう。まず、企業の側にも「売り手市場」「買い手市場」が存在する。総合商社、大手広告代理店、テレビ局、出版社、大手食品・電器メーカー、旅行代理店や航空会社のような人気業種と、投資銀行、コンサルティングファームのような一攫千金《いっかくせんきん》系の企業などは、放っておいても応募者が殺到する。携帯電話キャリアやJRのようなインフラ系企業もそれなりに人気はあるだろう。その一方、BtoB企業や中小企業はなんとか学生に対し、その存在を知ってもらうと必死になる。

人気企業の場合は、特にキラキラしたことや夢に溢れたことを採用広報で言わずとも構わない。合同説明会などでは、客寄せパンダとして、主催者より破格の条件で参加を依頼されることもある。人材コンサルタントの常見陽平氏は「withnews」の取材にこう答えている。

「**採用ページなどで注意したいのは『夢・感動』などの表現**です。楽しそうで、わくわくしちゃいますが、たいていはウソです。若くして活躍できるというのも要注意です。『27歳の課長もいるぞ』というのはやや意地悪な見方かも知れませんが小物を再生産をしているとも言えます。お手本が小さすぎるのも問題なのです」

学生としては、企業の採用広告・広報における美辞麗句は疑ってかかった方がいい。採用広告・広報通りの企業しかないのであれば、世の中こんなに離職者が多いワケないではないか。

それは、学生時代にバイトの求人広告で何度も騙された経験を思い出せばいい。よく使われる言葉は「明るい職場です」「楽しい仲間が待っています」「夢を仕事に」「好きを仕事に」などだろう。だが、実際に働いてみると、「早くバイトやめてぇ〜」しか言わない無気力な学生バイトだらけの沈鬱な職場や、「お前、使えねぇなぁ、このバカ野郎」という厳しい仲間だらけの職場にブチ当たってしまう。私も大学1年生の時、「広告系のクリエイティブな仕事です！」という謳い文句で採用広告を出していた「国際新企画」という会社のバイト採用に応募した。

広告に書かれてあった番号に電話をしてみたところ、「是非、事務所に来てください。その日からお仕事をお願いしますので」とアッサリ言われた。「うわー、どんなクリエイティブな仕事ができるんだろー！」と期待に胸を膨らませて事務所に行ったところ、ブスッとした若い男が出てきた。

「主任の田中（仮）です。早速登録していただきたいので、この書類に記入してください」

私は自分の住所や電話番号などの個人情報をすべて書いた。事務所内には大量のチラシが山積みになっている。さて、どんなクリエイティブな仕事を任せられるのだろうか。C.C.レモンの広告のコピーとか書きたいなぁ、なんて思っていたところ、田中さんからの指令が来た。

「ここに、1000枚のチラシがあるので、これを武蔵村山市内の団地のポストに入れてください。1枚3円ですので、3000円振り込みます。ウチの会社は富士銀行と取引をしておりますので、中川さんにも富士銀行の口座を作っておきますね。今はJリーグが開始したので、富士銀行だったらJリーグカードにもできますけど、どうしますか？」

「はっ、はい、Jリーグカードでお願いします」

「最寄駅は、西武拝島線の武蔵砂川です。国分寺から西武線に乗ってください。もし、自転車で行ったとしても、交通費も振り込みますので」

「クリエイティブ」な仕事をするはずだったのに、まさかのチラシ配布作業である。だが、これが将来の糸井重里への道になるのであれば、とばかりに私は「はい！　行ってきます！」と元気に事務所を出た。交通費は出るので電車に乗ろうかと思ったものの、自転車で行けば交通費も給料となる。ハッキリとは覚えていないが、その当時、国分寺・武蔵砂川間の鉄道料金は180円ほどだっただろう。自転車で行けばその分の往復の交通費がもらえる。片道12㎞はあったが、私は自転車で行くことを決定。ママチャリのカゴにチラシ1000枚を入れ、武蔵砂川に向かった。

配ったチラシは不動産広告のポスティングバイト募集というもので、まさに私と同じ仕事である。

1000枚のチラシは約2時間半で配り終え、事務所に戻る。終了報告をしたら「じゃあ、今日の分の3360円は振り込んでおきますね」と言われた。

その後も亜細亜大学で薬の臨床検査バイトの募集チラシを配る仕事や、ひたすら団地を走り回って1階から5階まですべての家のドアについた郵便受けにチラシを入れる仕事などをやり続けた。

このバイトを始めてから3ヶ月、一向に「クリエイティブ」な仕事はできていないので、田中さんに「あのぉ、『クリエイティブな仕事』ってまだやらせてもらえないんですかね？」と聞いたところ、こう言われた。

「あっ、ウチ、チラシ作りとチラシ配りの会社なんで、今中川さんがやってる仕事は変わらないっスよ。チラシ作る人は別にいるんで」

この瞬間、このバイトをやめることは決めたのだが、今思っても「なーにがクリエイティブだ！」という気持ちでいっぱいである。しかしながらおかしいのが、この時作った口座を未だに使い続けている点である。もちろん富士銀行ではなく、みずほ銀行になっているが。

人事は、リクルーターに何を指示しているか

さて、前章とは異なり、ここでは採用活動をする側に立った話をしよう。入社3年目の1999年2月、博報堂の大会議室で説明会が行われた。これは、リクルーターになることを了承した若手社員が集められた会で、採用活動を行うにあたっての心構えを人事よりレクチャーされたのである。

うろ覚えではあるものの「東大チーム」「早稲田チーム」「慶應チーム」「東工大・一橋大

チーム」「旧帝大チーム」「その他国立チーム」「上智・ICUチーム」があったと思う。これらの大学出身者が集い、人事より採用の手順について説明された。

リクルーターは、学生から電話が来たら極力受け、時間を作って面談の機会を設ける。ABCDの4段階で評価をする。Aは絶対に欲しい人材、Bは一緒に働けそうな人材、Cは微妙な人材、Dはまったくダメな人材である。学生に会ったら、その評価と感想をチームごとの共有データベースに記入していく。基本的には地頭の良い学生を採りたい、と言われた。

私は「東工大・一橋大チーム」のリクルーターになったが、実質は母校・一橋の学生だけに会う。まさに自分が就職活動をしていた時、博報堂の資料に同封されていた謎のリストの一人として、この時登録されたのである。ただし、別の大学の学生が私に連絡してきた場合は「それなりに熱心な学生・なんとかツテを辿ってきた学生」ということで、大学名を問わず会っても構わないと言われた。

人事担当者に質問をしてみた。

「具体的にこんな学生を採りたい、というのはありますか？　たとえば、英検1級を持っている、とか、体育会がいい、とかそういった条件を教えてください」

すると、人事は一瞬考えた後にこう言った。

「**皆さんの勘に任せる。**皆さんとフィーリングが合う学生にB判定以上をつけてください。皆さんも博報堂に入った人々なので、その感覚に合えばいいです」

私はもっと明確な採用基準があると思っていたものの、自分が内定を取れた理由もここで分かったような気がした。というわけで、私自身はBをつける学生のことは「会っている時間、快適に過ごせた」「態度が生意気だったりチャラかったりして、不快であっても落とすには惜しいほど優秀」ということだけを基準にした。後者については、博報堂にはそんなタイプが時々いて、案外彼らが優秀な営業だったりするのである。だからそこは自分との相性よりも会社との相性を考慮し、Bをつけることにした。

結局、**企業が内定を出す学生はすべて「なんとなく良かった」でしかないのである。**

就活突破のエッセンスは、すべて「鶴田君」に詰まっている

そこから先、採用担当者として約70人の学生と会ったが、Aは1人、Bは15人、Cは45人、Dは9人となった。採用する側の視点から、どんな学生が面接を通過するかは分かってきた。評価については複数の社員が判定し、データベースで共有するのだが、評価は大体変わらないものである。Aを取るような学生にはCはほぼつかない。逆にDを取るような学生にはほぼB以上はつかない。

その中でも文句なしにナンバーワンとも言える学生がいた。鶴田君（仮名）である。彼がいたからこそ、就活に対し、私も考えが整理された。彼がいなかったら書籍を一冊書くということはできなかっただろう。彼とのやり取りを通じ、「通る学生の特徴」「比喩的自己PRの無意味さ」「練り上げた（というか、ただ時間をかけただけの）自己PR・志望理由の無意味さ」「採りたい人材の特徴」が分かったのである。いや、何よりも「魅力的な人物かどうか」ということだけが重要なのだ。もちろん**絶対的に魅力的であることが望ましいが、応募者の中で相対的に魅力的であることも重要**である。だから、不人気企業を受けると案外内定は取りやすいかもしれない。前章の最後に、「内定を取れば変わる」と書いたが、**就職活動の初期には、内定を出すのが早い不人気企業**（そんなにないだろうが……）**を受けておくのも一つの手である。**

彼は体育会ラグビー部所属で、OBとの連絡担当の役割に就いていた。さすが体育会らしく年上を敬う姿勢がしっかりしており、そのうえ大人との会話にもまったく動じるところがない。背筋がピンと伸び、低音の実によい声である。「鶴田です」の挨拶とともにお辞儀をしたその瞬間、「あ、これはもう通ったな」と思った。それだけのオーラが彼にはあったのだ。そしてこの見立ては外れていないことに気付く。

こうなれば、面接の目的はあとは通すための理由を探ることと、志望順位の程度を把握することとなる。雑談を交わした後、こう聞いた。「面接で話そうと決めている話ありますか?」と。この質問は、自己紹介にもなれば、自己PRにもなるものである。「学生時代に頑張ったことはなんですか?」「これまでの成功体験を教えてください」といった質問もアリだが、何を話そうとしているのか、という質問をすることによって自信のあるエピソードを聞ける。

この時の鶴田君の話した内容は、面接担当者としてホレボレするくらいの話であり、「ここまで言えればどこでも通るわぃ」というレベルである。スケールの大きさにおいては、負けるかもしれないが、鶴田君の話したこの要素があれば、通りやすいだろう。まずは、彼とのやり取りを再現する。

私　面接で話そうと決めている話ありますか？

鶴田　これまでで最も達成感があることであり、僕の考えや行動原理がよく現れた内容の話ですが、それでよろしいですか？

私　はい、教えてください。

鶴田　僕は体育会ラグビー部でOBと現役のやり取りをする担当です。OB会の案内を出したりして、会そのものの企画にもかかわります。中川さん、「花園」って分かりますか？

私　高校ラグビーとかの決勝で使われる舞台でしたっけ？　京都だったかな？

鶴田　はい、そうです。野球における「甲子園」で、日本中のラガーマンにとっては聖地とも言える場所です。誰もが花園でプレーしたいと考えています。現実的にはものすごく難しいのですが。でも、僕は一橋のラグビー部をここでプレーさせたかった。これは、一橋の歴史では一度も達成されていないことです。僕ら現役も嬉しいし、OBにとっても感無量でしょう。

私　えっ？　一橋って、あそこでできるほど強くないでしょ？

鶴田　そうなんですよ。でも、なんとかそうしたかったんです。そして、今日お話ししたいのはこのことです。

私　面白そうですね、ぜひ教えてください。

鶴田　一橋が花園でプレーするには、越えなくてはいけないハードルがありました。それは、競技場を納得させることです。生半可なレベルのチームに貸すと格を落としかねませんから、容易に貸すわけにはいかない。仮に貸してくれたとしても、僕達が花園の品位を落とすようなことをしてはいけないのです。

私　そりゃそうですよね。

鶴田　だったら強くならなくてはいけないんですよ。強くするにはどうするかを考えたら、僕はラグビーの本場・ニュージーランドで合宿を張るしかないと考えました。世界最高峰のプレーを観戦し、ニュージーランドの人々とともに練習することで、確実に強くなります。でも、ここでハードルがまたあったんです。

私　それはなんですか？

鶴田　お金がないんですよね……。

私　じゃあ、次なる課題は資金調達ということですね。

鶴田　はい。ここで、ＯＢとの渉外という立場が生きたんです。僕は、一橋のラグビー部を強くしたかった。そのためには部員が花園という目標を持てばいいと考えました。聖地でプレーするには強くならなくてはいけない——こんな条件を突きつけられたら部員だって発奮するでしょう。そのきっかけとして、ニュージーランド合宿の必要性を感じました。しかし、先立つ資金がない。となれば、OBのカンパに頼るしかありません。他にカンパしてくれるようなもの好きはいませんから。今度は、OBをいかに口説くか、ということが重要になります。

私　その口説き文句とは？

鶴田　「ラグビーの聖地で後輩達がプレーしている姿を歴代の部員全員で応援したくありませんか？」ですよ！

私　それを言われちゃもうおしまいよ！　協力しなかったら鬼だよ！

鶴田　そうですよね。でも、OB全体が協力する雰囲気にならなくてはいけないので、OBの中での旗振り役も、OB会の中で力を持っている相当な有力者にしなくてはいけません。そこでお会いしたのが、P社（大手総合商社）社長の山田氏（仮名）です。僕は山田さんの社長室に行き、花園でやることがいかに一橋ラグビー部の歴史において重要か、そしてそのためにはニュージーランドで合宿しなくてはいけないことを真剣に説明しました。

私　結果は？

鶴田　いやぁ、山田さんが予想外に乗ってきてくれて、OB会の中でも圧倒的な協力を得ることができ、ニュージーランドで合宿を張ることができました。そこで部員も発奮し、結果的にリーグ戦では前年よりも高い成績を残せ、花園ラグビー場にも恥ずかしくない形での交渉ができました。当然会場を借りる費用もOBのカンパでまかなっています。

私　いやぁ～、よくやったね！

鶴田　もう、試合の日は、何も言えなかったですよ……。観客席のOBの中にも泣いている人がいて……。

私　会社に入った後はどんな仕事をしたいと考えていますか？

鶴田　日経新聞の1面に載る仕事をすれば、それはもうビジネスマンとしてそれ以上ない評価でしょうね。

この話が終わった後、私はついこう言ってしまった。

「鶴田君って現実的な夢想家だね……」

これなのだ。学生はついつい自身を表現する言葉を作ってきてしまう。「納豆」（粘り強い）、「エアコン」（どんな状況にも対応できる）、「ボランチ」（攻めも守りも得意）みたいな比喩表現をしてしまうのだが、結局判断するのは面接官である。学生がいくら頭を絞って「これだ！」という比喩を作ろうが、見る側がいかに判断するかの方が圧倒的に重要だ。**鶴田君は、自分自身を表す言葉は一切使っていない。**ただ単に、ウケる自信があるエピソードを（自分の土俵で）順を追って話しているだけだ。だが、その**圧倒的行動力、問題解決への合理的な手順の把握、そして人を信用させる力はこのエピソードだけで十分わかった。**これはかなり有能なビジネスマンの資質を持っている。だからこそ面接官の側からその学生の特徴を端的に表す「現実的な夢想家」という言葉が、自然と口から出てきたのだ。

さらには、営業としての彼が企画部門の私を連れてクライアントのところに行っている姿も想像できたし、イベントの打ち上げで場を仕切っているような姿もすべて想像できた。これはもう完璧だ。こんな営業がいたら、クライアントは喜ぶだろうし、会社にも大きな利益をもたらすだろう。

その後も色々と話を聞いたし、彼も博報堂の仕事について聞いてきた。博報堂を受けた理由については、就職活動の初期段階で、様々な業種を見ておきたい、という理由があったのだという。故に電通のOBにも会うつもりだと語った。そして、第一希望の業種は総合商社であり、その中でも前出のラグビー部OB・山田氏が社長を務めるP社に高い関心があるという。

こういったことを正直に語ってくれたので、「鶴田君はあと1人に会えばもう人事面接には上がれると思うので、誰でもいいから名簿に載っている社員に会っといてください」と伝えた。

席に戻り、データベースに評価を書く。Aでも良かったのだが、総合商社の方が志望順位は高いということで、深追いしないようにBをつけた。後日、鶴田君は4人の社員に会い、Aを2つ、Bを1つ取っている。いずれも絶賛のコメント付きだ。

ある日、私の採用担当でもあった人事局のH氏から電話が来た。

「中川、鶴田君の伴走者になってもらえない？　どうも彼はキミのことを信用しているみたい」

自分が就職活動をしていた時の伴走者であるI氏と同じ立場にあれから4年後、私がなったのである。結果的に鶴田君は博報堂の内定を取った。電話が来たので「おめでとう」と伝えた。それから数週間後の夜、鶴田君から電話が来た。

「今から会えますか?」と言われたので、「大丈夫だよ」と答え、1時間後に博報堂の20階にあるラウンジへ。恐らくはP社の内定を取れたので、そちらへ行くという話であろうことは予測がついた。鶴田君は真剣な眼差しでこちらを見て、「色々迷ったのですが……」と言ったきり黙ったので「いいよいいよ。P社のことは行きたいって最初から言ってたじゃん」と伝えた。すると「本当に中川さんをはじめ、博報堂の皆さんにはお世話になったのに、そんな不義理をするなんて申し訳ありません」と謝罪をする。

私は「でも、元からの第一志望であったことと、社長には恩義もあるんだから当然の選択でしょうよ。構わん、構わん」と伝えた。もうこれ以上、彼には内定辞退という実にイヤ〜なことで頭を下げさせるわけにはいかない。人事のH氏には私の方から伝えておくと言っておいた。「何から何まですいません……」と言うので「いいよいいよ、さぁ、内定おめでとう、ビール飲もうぜ」と、そこでビールを頼み、乾杯した。

この時の私の姿勢は、甘いのかもしれない。博報堂は人気企業のため、鶴田君が内定を辞退したとしても、他の候補はまだまだいる。だからこその余裕ではあったものの、「会社にとって社員は大勢の中の一人」「自分にとって会社は一つ」の原則に従うと、軟禁したり、「お前にかけた時間、どうすんだよ。エッ！　お前が内定を取ったせいで取れなかった学生だっているんだぞ！」などと恫喝《どうかつ》するのは誤りだ。むしろ、我が社に対して興味を持ってくれた学生の人生を応援する——というスタンスの方が長期的視野に立てば得をする。

恐らく鶴田君は、あれから15年経った今でも博報堂のことを悪く思ってはいないだろう。彼自身が彼の会社の広告に携わることとなり、広告会社を選定するにあたっては、博報堂を選んでくれるかもしれない。採用活動にはそんな側面もあるワケで、学生をむげに扱ってはいけないのである。だから、ゴーマンかまし、学生を見下すような会社はクソ野郎なワケで、そんな会社へは行かないでいいのである。いつか復讐をしても良いのである。

面接は合コンである

鶴田君との会話で獲得したのが「**面接＝合コン理論**」である。合コンの目的は、異性に気に入ってもらうことにある。その日限りのウフフな関係かもしれないし、長い交際となる相手かもしれないが、とにかく相手をしてくれる異性を見つけることにある。となれば、自分に興味を持ってもらう必要があるし、好意を持ってもらわなくてはならない。これって面接と一切変わらないではないか！　だとしたら、男の場合ではあるものの、たぎりまくる女性への欲求を満たすべく、合コンで自分をアピールするためのネタと熱意を面接でも使ってしまえばいいのである。

もちろん、合コンで「オレのチンコの長さは長いゾ！」と言うバカがいないように、合コンであろうとも、ある程度は紳士的なエピソードを言うわけなので、合コンで自分が言いたいエピソードは就活でも使えるかもしれない。

鶴田君の「花園でラグビーをする」は合コンでも十分に通用する話である。女性からすると「きゃっ、ロマンチスト！」「この人、頭いい……」「この人、行動力ある」「この人、押しが強くて頼りがいがある」「えっ？　P社という日本有数の企業の社長とコネがあるの！」「うわーっ、仲間がいっぱいいるんだぁ〜」といった感想を持つことだろう。こんな男とは一回2人っきりでじっくり話を聞きたくなるのは間違いない。

合コンこそ、もっとも自身の売り込みを合理的にやる場なのであり、この場での必殺のエピソードは面接でも通用する可能性はある。どこの誰が合コンで「オレって納豆みたいな人間なんだよね」「オレってコンビニバイトでお客さんの『ありがとう』ってことばに幸せを覚えるんだよね」「オレってサークルで意見の対立があった時、両方の意見をまとめてなんとか収束させるのに成功したんだよね」なんてことを言うだろうか。

自ら磨き上げた自己紹介・自己PRの文章や面接で言おうと思ったことは、**一旦「これを合コンで言ったらどうなるか？**（女性なら、言われて面白いと思えるか）」というフィルターを通した方がいい。そのフィルターを通したうえでもウケると判断したのであれば、面接でも是非使ってみよう。「こりゃしらけるわ」と思ったのであれば、そのエピソードは面接でも相手をしらけさせるだけなので、考え直してみよう。

鶴田君の話を読んで「自分はこんなに優秀ではない！」「自分にはここまでのエピソードはない！」と思うかもしれないが、そうは思って欲しくない。その年の博報堂のリクルーター・面接官が彼を評価した**ポイントは、規模のデカさではないのである。あくまでも問題解決能力とその解決をするための合理的な判断力を評価したのだ。**別に、鶴田君ほどのスケールのデカい話をする必要はない。ほとんどの学生は彼ほどスケールのデカい話はしていないし、できるワケもない。

だが、誰しも問題を解決するために合理的な判断をし続けた経験ぐらいはあるだろう。それをキチンと言えばいいのだ。ここで一旦、鶴田君の問題解決方法がいかに合理的だったかを振り返ってみよう。

最大の目標は「ラグビーの聖地・花園でラグビーをする」――基本的に彼はこれしか考えていない。また、会社に入った後は「日経新聞の1面に載る仕事をしたい」という。ここに至るための手順が実に合理的かつ、賢いのである。

①花園でラグビーをするには強くならなくてはいけない
②そのためにはニュージーランド合宿が最も手っ取り早いはずだ
③しかし、部員全員で行くための資金はない。これ以上部員にバイトをさせるワケにはいかない。練習時間が減り、弱くなってしまう
④だったらカネをどこかから調達しなくてはいけない
⑤もっともカネを出してくれそうなのは、同様の夢を持っていたOBだろう。彼らだって後輩がラグビーの聖地でプレーしている姿を見たら、感無量になるはずだ
⑥よし、OBからカンパを募ろう
⑦OBからカンパを引き出すにしても、誰が言うかが重要だ。いきなり会ったこともない現役からいきなり「ニュージーランド合宿のカンパのお願い」なんて手紙が来ても「ケッ!」と思うはずだ

⑧だとしたら、ＯＢ会の重鎮からトップダウンで指示を出した方がいい
⑨実力者はやはりＰ社の山田社長だろう。僕自身、Ｐ社に入りたいという夢があるだけに、いま、お近づきになるのも良い話だ
⑩山田社長を口説くという一つのミッションに向かって準備するぞ！

ここの⑩が成功すれば、「花園でラグビーをする」が達成できるのだ。こうした手順を鶴田君はすべて分かっていて、実現する行動力があったのである。これはまさに労働者としてとんでもなく優秀である。それをハキハキと説明してくれたので、もはや通さざるを得ないではないか。

スケールの大きい話は要らない。本当に要らない

ここまでのスケールでなくても「去年の秋、米を30kg収穫した」でもいいのだ。ここでは鶴田君のように帰納的ではなく、演繹的な流れで説明する。

①自分で作った米を毎食食べたい

②どうやら千葉県で一般の人にも開放している棚田があるらしい
③何人か合同でやれば、この棚田を借りられるらしい
④コミュニケーション下手な自分だが、仲間を求めてネットで検索し、「この棚田を借りたい。でもヒマで肉体労働ができる人間が足りない」と悩むグループを発見する
⑤それには自分がうってつけだとフェースブックの彼らのページにアプローチをする
⑥ここでの自分の役割は、忙しい社会人が作業ができない平日に田んぼの管理をすることだと認識
⑦社会人が農作業をする週末に向け、田んぼをキレイにすることを心がけた
⑧毎週、フェースブックのページでは僕の準備をホメる声が多数書き込まれた
⑨そして収穫の日、地道な作業が認められ、僕は普通の人の2倍である30kgの米を無事もらえたのだった

「花園でラグビーをする」よりもかなりスケールの小さい話ではあるものの、「自分で作った米を食べたい」ということは鶴田君と同様に「とある目標を設定した」という意味では同じである。そして、それを達成するための合理的な判断も鶴田君と同様である。多くの

面接官はこんな感じで「自分で育てた米30kg収穫までの道」を語れる学生を高く評価することだろう。

バカでも内定が取れてしまうのが就活

さらに、ここで紹介したいのが「バカだけど内定を取れる学生」である。まったく業界研究もしておらず、志望理由もあやふや過ぎるのだが、ユニークなキャラクターでなんとかなってしまうタイプというのも存在する。それは、三井君（仮名）である。この三井君、鶴田君のラグビー部の1年後輩である。

鶴田君が就職をしてから約10ヶ月、私はリクルーターをその年もやっていた。ある日、鶴田君から電話があった。

「中川さん、お久しぶりです。今度、僕のラグビー部の後輩の三井ってのが中川さんをOB訪問しますので、よろしくお願いします！」

「わかった。楽しみにしとくよ」

こんなやり取りの後、やってきたのが、童顔のスポーツ刈りの学生だった。一応スーツは着ているものの、まったく似合っていないし、鶴田君の堂々とした雰囲気とは異なり、きょろきょろ周りを見回すなど不審な動きしかしない。彼と会った場所は博報堂の20階のラウンジである。

私 はじめまして。
三井 は、はじめまして。いやぁ、ここ、（海抜が）高くてすごいっすね。いい雰囲気っすね。
私 あっ、そう？

飲み物を注文をしたところで、OB訪問は開始した。

私 なんで博報堂受けようと思ったの？
三井 鶴田さんが受けろと言ったからです。
私 えっ？　何も分からないで受けてるの？
三井 はい。鶴田さんに「お前は博報堂が合うから、とにかく中川さんに会え」と言われたんです。

一瞬唖然《あぜん》とはしたものの、鶴田君が「合う」と認めた人物なのであれば、恐らくは合うのであろう。それはそれで構わない。そこで私は広告会社というものがどんな会社なのかを説明した。

別に社員全員がコピーを書いたりしているのではないよ。あくまでもクライアントのコミュニケーション上の課題を解決することを目的としているんだよ、などと話すと「へぇ〜、面白いっすね」と反応はいい。そして学生時代に何を頑張ったのかを聞いたところ、途端に元気になった。

三井　僕、ナンパやってたんっすよ。

私　へっ?

三井　国立の旭通りって、昼間に主婦がけっこう2人連れで歩いているんです。そこを僕もラグビー部の同期と一緒に歩いて、暇そうな主婦をナンパするんです。けっこう一緒にファミレス行ったりできましたよ。向こうも若い男から声をかけられ、まんざらでもなさそうでした。いやぁ、大学生って女子大生とか女子高生をナンパしようとするから失敗するんですよ。主婦の方が成功率高いですよ! なんでそっちを狙わないんですかね？

私　それが頑張ったことだったんだ。ラグビーは？

三井　**正直、ナンパの方が頑張ったっすかね。**

私　分かった。そうしたら、社会人になったらやりたいことってあるの？

三井　僕、経営に携わりたいんですよね。あんまり儲からない事業をなんとか少しでも軌道に乗せるにはどうするか？　とか、そもそもその事業は継続するべきなのか、とかそういったことを考えたいです。

ここから、この件について三井君はかなり詳しく話し始めた。そして、「会社ってちょっとしたアイディアで上向いたりもすることあると思うんですよ。まぁ、そんなことやりたいですね。さっき中川さんが言った博報堂の仕事も面白そうですけどね」と締めたので、「じゃあ、三井君はコンサルティングの仕事もやりたいんだ」と伝えた。すると、鳩が豆鉄砲をくったような顔をして、一瞬黙った。

私　どうしたの？

三井　あのぉ、スイマセン。

私　はい、何か？

三井　**コンサルティングってなんですか？**

私　えっ？　コンサルティング、知らないの？　さっきから三井君が話していたこと、コンサルティング会社がやってる領域の話が多かったよ。博報堂もかかわっているような部分もあったけどね。

三井　えっ？　そうなんですか？　コンサルティングなんて言葉、初めて聞きました。

私はこの段階でもうおかしくて仕方がなかった。私に会いに来た理由を聞けば「先輩からそうしろと言われた」で、学生時代に頑張ったことは「ラグビーよりナンパだ」と答え、やりたいことを滔々《とうとう》と説き、そのやりたいことをガチでやる業種のことをまったく知らない。言っていること自体はコンサルティング以外のなにものでもない。私はここでついこう言ってしまった。

「**三井君……、キミ、頭がいいバカだね……**」

三井君も鶴田君と同様、自らを「納豆」などと規定することなく、面接官に「どんな人物か」の表現を作らせてしまったのだった。そうなのである。魅力的人物、コミュニケーションが成立する人物というのは、自らを規定することなく、相手に「あなたは○○な人物だ」と言わせてしまうのだ。

どう考えても受け答えのシッカリ度合いや、持っているエピソードの面白さなどは鶴田君に負ける。だが、三井君の天真爛漫《てんしんらんまん》さや、仕事人に求めらる素直さなどは実に魅力的だった。当然Bをつけることを決定。最終的に三井君はこの「頭がいいバカキャラ」を通し続け、最終面接までこぎつけるのだが、あろうことか最終面接の日は大寝坊をし、面接を受けられず撃沈。

ただのバカであることを露呈したのである。

しかし、結果的に大手総合商社の内定を取るに至った。

通った理由など、誰にも分からない

こうして「通る学生」の特徴と具体的に彼らが言う内容を挙げてきたが、**結局通る理由なんてものは誰にも分からない**のである。「明らかに優秀」「会っていて気持ちが良い」「会話が楽しい」「もっと色々聞きたくなる」「かわいげがある」といったところだけなのだ。「合コンで興味を持たれる人物像」といったものと本当に変わりがないのである。学生の間では「○○さんが銀行の面接を通ったのはガツガツしたキャラを貫いたからだ」などといった伝説が流布され、それを真似して無理にガツガツとしたキャラを演じる必要はない。本書の担当編集はリクルート出身だが、入社後に「どうして僕だったんですか？」と人事に聞いても「一緒にはたらきたいと思ったからだよ」としか言われなかったという。恐らくこれは、人事の本音だろう。リクルートの人事ですら、そんなものなのだ。

学生時代と同様に、組織というものは多種多様な人物が必要なので、「銀行はガツガツキャラだと通りやすい」といったワケではないのである。そして、本書で再三主張しているように、**面接の相手が企業人だからといって、それまでの自分を変える必要は一切ない。**普段通りのキャラを貫き通し、そのキャラがその会社と合うのであれば、別にエロいことを言おうが、バカ過ぎることを言おうが通るものなのである。

自らを勝手に「会社はこんな人物を求めているだろう」というキャラに装飾し、そのキャラを書類上でも面接でも演じ切るのはたいへん困難な作業である。運良く内定を取れたとしても、それはあくまでも演じ切ったキャラを元に入った会社であるため、働き始めてから合わないことが多いだろう。

電通と博報堂の決定的差異

私の場合、広告業界で博報堂には通ったものの、電通は書類とテストで落ちたと述べた。だが、電通のこの判断は正しかったと今になっては思う。電通と博報堂では企業風土が違い過ぎるのだ。何が違うのかと言われれば「電通＝ダイナミック」、「博報堂＝細かい」といったところが一つだと思われるが、フリーランスになってから仕事は何度もしたものの、私と電通の相性は極めて悪いのである。

電通のダイナミックさを表すエピソードとして、1999年の「日本を元気にする企画」がある。1997年に山一證券が破綻《はたん》するなど、当時の日本経済には暗い雰囲気があった。そんな中、各広告代理店は、「日本を元気にする」という共通のフォーマットを作り、広告主を募っていた。

私が当時所属していたCC局（コーポレートコミュニケーション局）でも、この企画作りに参加し、各人が企画を持ちより、局会議で発表した。私が作ったのは「ねずみ小僧サンプリング」と「日本酒プール」という企画である。江戸時代の盗賊・ねずみ小僧は金持ちから奪った金品を貧しい人々に配ったという。街頭でのティッシュ配りや、駅前イベントスペースで栄養ドリンクなどを無料で配ることを「サンプリング」と呼ぶが、日本全国の各所にねずみ小僧のコスプレをした男が登場し、コソコソと商品を配れば話題になるのでは、と考えた。「日本酒プール」は、めでたい雰囲気のある日本酒をプールに大量に入れ、酒の臭気が漂う中、水着姿の男女が酔っ払いながら酒を飲む企画である。「日本酒風呂」があるだけに、プールに日本酒を入れても体に悪くはないだろう。皆で楽しい雰囲気になり、さぁ、酔っぱらったけど明日もガンバロー！　みたいな雰囲気になれるのでは、と思ったのである。

こうした企画を考えていたのだが、最終的に博報堂の案はこうなった。

「阪神タイガースが優勝すると景気がよくなるので今年は日本全国で阪神を応援しよう！」

阪神タイガースといえば、滅多に優勝しないことで知られているが、1962年、1964年のリーグ優勝の際は、東京オリンピックの効果もあり、日本は好景気に沸いていた。

1965年からの「いざなぎ景気」へのきっかけにもなった。そして、1985年の日本シリーズ優勝時も、バブル経済に至る下地が作られた。

博報堂の場合は、こうした形でファクトを積み上げ、「だから阪神を応援しましょう」となる。とにかくデータ重視なのである。

その一方、電通は吉田茂など、日本が元気だった時代の偉人が登場し、今の日本人を叱《しっ》咤激励《たげきれい》するという新聞の全面広告をドーンと展開した。

吉田茂以外にも様々な偉人が叱咤激励している。恐らくは過去の名言を紹介しているようなものなのだろうが、新聞の全面広告で偉人が有り難いお言葉を発しているというのはインパクトがあった。それに比べると「阪神を応援する」という企画は根拠はあるものの、小粒感は否めない。ここでは巨人だろうよ！　とも思う。

また、これは伝説の類であって本当かどうかは分からないのだが、競合プレゼンの時、博報堂は分厚い企画書をもってきて、徹底的なリサーチを元にした分析を行い、「だから今回の広告はこんな表現になりました。その表現を最も的確に表現できるキャラクターは、調査の結果、女優の○○さんです」ととにかく理詰めで説明をする。だが、電通は「はい。今日のプレゼン、お呼びいただきまして、ありがとうございます。さて、今回私達の企画は……」と説明をする。この説明自体は「ドーンとやりましょう」「ガンガン話題にしましょう！」みたいな感じで、勢いだけで根拠は不明瞭なものである。

そこで、タレントの提案になるのだが、営業はこう言う。

「さぁ、タレントさんですが、やはり、今、最も旬な人こそ、この商品には相応《ふさわ》しいでしょう！　私達は広末涼子さんを推薦します！」

プレゼンを受けるクライアントも「そりゃあ、広末が出てくれればいいわな」とは思う。
そして、電通の営業はこう続けるのだ。

「はい、それでは、広末さんどうぞ！」

するとプレゼンをしている部屋のドアが開き、**そこには人気絶頂の女優・広末涼子がはにかみながら立っている。**

「このお仕事、ぜひ私にやらせてください。お願いします！」とペコリと頭を下げる。

このインパクトは絶大で、市場分析が少し甘かろうが、企画と商品の関連性が若干薄かったりしても、プレゼンの場に広末本人が来て「お願いします！」と言ったら、クライアント企業の宣伝部のおじさん連中はデレデレになって、「**う〜ん、電通さんと一緒にやりたいな！**」なんて思ってしまうではないか！

この話が果たして実話なのか、都市伝説の類なのかはよく分からないが、電通の人にこの話の真偽を聞いたところ、「う〜ん、ウチだったらあり得る話ですね……」と言われた。

ここで何を言いたいかといえば、私はとてもじゃないが、プレゼンの場に広末を呼ぶという博打《ばくち》は打てないということだ。分析が甘かろうが、とにかくインパクトをドーンと与えておけば、プレゼンには、勝ちますわ、ガハハハハ！　こんなことを言えてしまうダイナミックさを電通は持っているわけで、ちまちまと考えるのが得意な博報堂にはこんな芸当はできっこない。

私自身もダイナミックな企画は立てられないし、電通的な「ドーンとインパクトを与える」ということよりも石橋を叩いてデータの裏付けがあることに安心するタイプである。そんな性格であるが故に、電通とは実に考えが合わない。

フリーランスになってから何度も電通と仕事をしたのだが、同社内での講演を除き、すべての仕事で不快な気持ちになるのである。様々な営業局があるだけに、初めて仕事をやる営業担当は大勢いる。業務の説明段階では不快なことはないのだが、仕事が開始すると、妙に噛み合わなくなってくるのだ。

たとえば、

「会議の時間が15時から17時に変わったのでよろしく」

とだけ言われる。私としては「いきなり言われても予定入ってるよ」と思うものの、あちらからすれば「変わってしまったものはしょうがないでしょ?」となる。

なにが噛み合わないのかは本当によく分からないのだが、一つ言えるのは、我々のような外注先を「**使い倒す存在である下請け**」という扱いをしている点がある。いや、下請けであることは事実であるものの、博報堂では「**一緒にやるパートナー**」といった扱いをする。天下の電通様と仕事をさせてやってるんだぞ、オラ。言うこと聞け、オラ、といった意識をつい感じてしまうのである。

そして結局電通との仕事は1回やるだけで終了し、また別の部署の、過去に仕事をしたことのない営業から連絡が来て1回だけ仕事をして終了する。「お前が無能なだけだろ」と思われるかもしれないが、博報堂と一緒にやっている仕事は、常に継続しているのである。これはもはや「企業風土」というヤツでしかないが、やはり人間、特定の企業と合う合わないはあるのだ。だからこそ、今となっては電通に書類とテストであっさりと落ちたことには納得している。元々彼らの企業文化とは合わないのである。故に、どこかの会社の面接で落ちたからといって自身の能力の足りなさを悲嘆する必要はない。あくまでもその会社とは合わなかっただけなのだ。

広告志望の学生がはまった地獄

合わないのは会社だけではない。業種が合わないこともある。以前、O君という学生が面接に来た。東北出身で野球サークルに入る朴訥とした人物だった。「僕は広告以外は考えておりません」と言うが、どう考えても博報堂にいるタイプではない。人の良さとクソマジメさは感じるものの、広告業界に必要なチャラさやスーダラなところ、あとは若干の華やかさが一切ない。コツコツ仕事をすることには長《た》けていそうだったが、一瞬のひらめきや、「世間を驚かせたい」といった山っ気は一切なかった。

「う〜ん、彼と一緒に働く姿はまったく想像できない……」と思い、Cをつけた。コメント欄には「人は良いのだが、明らかにカラーが違い過ぎる。メーカーや役所が向いている」と書いた。

以後、O君はOB訪問を続けるが、まったくB判定が出ない。8人にOB訪問し、Cが3でDが5。完全に惨敗である。コメントも「垢ぬけていない」「ダサい」「つまらない」などと散々な評価だった。O君は途中、「次は○○さんに会うので、対策を伝授してください」と連絡してきた。こちらも忙しかったが、時間を作って会った。裏で散々な評価をされていることは伝えず、「どう？　慣れてきた？」と聞いた。すると彼は嬉しそうな顔をし、「はい！　段々と手ごたえを感じると同時に、ますます行きたい気持ちが強くなってきました！」と言う。私は「**さっさと気付けよ……**」と呆れながらも「頑張ってね」と言った。

その後、O君は4人のOBに会ったが、ここでもCが1でDが3。12人に会ってC4、D8という、その年で最もヒドい評価の学生と言っても構わない。

そして、その日がやってきた。**とある女性と金曜夜からの「お泊まり」の最中、熟睡していた土曜日の朝5時、けたたましく携帯電話が鳴った。**O君からだった。

「中川さん……、なんで人事からお呼びがかからないのでしょうか……。今から会っていただけませんでしょうか……。僕はどうすればいいのでしょうか……」

辛そうに語るO君だが、朝の5時に電話とは尋常ではない。しかも、「今から会ってくれ」と言う。

「えっ？　今から？　電車がまだ走ってないぞ」

「いや、今からとは言いませんが、今日の朝、お会いいただけませんでしょうか」

どう考えても図々しいし非常識だが、切実な様子は伝わった。このままだと自殺でもしかねないし、もうこれ以上通過するワケのない会社を受け続け、無駄な時間を過ごさせるわけにもいかない。メーカーのエントリーも開始しており、さっさと広告業界を諦める必要があるのは明白だった。

隣に寝ていた女性も起きてしまい、「な〜に〜？　どうしたのぉ〜」なんて言う。

「O君という就職に悩む学生が会ってくれと言ってる」

「今から？」

「今からとは言わないけど、今朝の早い段階で会いたいって」

「えっ？　私はどうなるの？　O君とかいう人、大っ嫌い！」

そう拗ねる彼女をなだめ、私は朝6時のJR南武線に乗り込んだ。谷保《やほ》駅で降り、国立の大学通りを歩いて北上し、一橋大学の東門前で会った。O君は近くの24時間営業のファミレスに行きたそうだったが、私はもう引導を渡すつもりだった。

「おはようございます。突然すいま……」

こう言ったところで、遮る形でこう言った。

「O君、もうダメだ。博報堂にはこれ以上時間を使うな。キミはもう無理。**絶対に通らない。これまで会ったOB全員が散々な評価をしている。**もうやめよう。キミに能力がないワケじゃない。いや、むしろ緻密な作業とか、誠実なところは非常にいい。でも、でもーー」

ここで言うべきかどうかは迷ったが言った。

「**キミはまったく合わないんだ。広告っぽくないんだ。博報堂っぽくないんだ。**だからもうやめよう。これ以上受けても絶対に通らない。もうメーカーのエントリーも始まっているし、時間はない。早く別の道に進まなくてはいけないんだよ」

「本当ですか？」

一瞬間を置いて、私は「本当だ」と言った。するとO君は突然泣き出し、キレ始めた。

「なんで中川さんはそこまで言えるんですか！　合う、合わないなんてやってみなくちゃ分からないでしょ？　別に中川さんは人事でもないし、全部分かるわけないじゃないですか！　簡単に決めつけないでくださいよ！　僕は広告に行きたいんですよ！　メーカーなんて行きたくないですよ！」

ここで私もキレてしまった。

「**バカヤロー！**　お前、何言ってるんだ！　お前の評価は散々なもんだよ！　誰一人としてBをつけていない。なんで12人にも会って、自分が向いていないことに気付かないんだよ！　オレは再三お前がメーカー向きだと言ってたろ？　中居さんだって紹介しただろ？」

社会人に「○○に向いている」と言われたらとりあえず受けろ

私はO君と2回目に会った時、「メーカーも受けてみれば」と言い、尊敬する先輩で住友電工勤務の中居さんの連絡先を教えた。彼に会えば、メーカーの仕事の楽しさを理解してくれるだろう、と思ったのだ。そして後日、O君は中居さんと会った。中居さんからも報告の電話を受けたが、申し訳ない内容だった。

中居　O君に会ったけど……。彼ってどうなの？

私　どうって？　どういうことですか？

中居　う〜ん、なんのために来たのかが分からないんだよね。

私　えっ？　どうしたんですか？

中居　いや、ずっと広告業界への憧ればかり話しているんだ。こちらがメーカーの仕事の醍醐味とか言ってもまったく聞いていない感じだった。

私　（な、なんという失礼な！）それは申し訳ありませんでした。広告には絶対に向いておらず、彼が本当に向いているメーカーに興味を持ってもらうために中居さんにお時間を作ってもらったのに申し訳ありませんでした。

中居　それは構わないけど、彼、本当に広告向いていないよね。

私　メーカーはどうですか？

中居　いや、それがさぁ、メーカーには向いていそうなんだよ。こちらもそこは力説したのに、まるで聞く耳を持ってくれなかったんだ。

話はO君との会話に戻す。

「お前は中居さんの前でも散々広告の話ばかりしたようだな！　なんで住友電工の話を聞きに行ってるのに、そんな失礼なことをするんだよ！　今の迷走しまくっているお前自身よりも、オレら他人の方がお前のことは見えている。どう考えてもお前は広告に向いていない。いいか、これ以上時間を使うな！　もう博報堂にエントリーしてくるな！　ウチの会社の社員の時間をこれ以上無駄にさせるな！　絶対に通るワケもない連中に、日々激務の社員の時間を使わせるわけにはいかないんだよ！

なんでそんなに頑固なんだよ！　なんでそんなに人の言うことに聞く耳を持てないんだ！　しかも、オレは今朝は女と一緒にいたというのに非常識な時間にこっちの都合も考えずに電話してきやがって！　いいか、お前とは金輪際会わないからな。勝手にやってろ！」

こうキレて私はその場を立ち去った。その後、彼がどうなったかは知らない。

大幅に脱線したものの、合わない会社・業種を学生の時代に見抜けるというのは本来良いことなのである。**自分で言うのもなんだが、自分の適性を客観的視点から教えてくれる面接官にはむしろ感謝すべきではないかと思う。**　もしかしたら一瞬夢破れるかもしれないが、それは仕方がないことである。長い人生を考えたら、その残酷な現実を若いうちに突きつけられるのは悪い話ではない。

元リクルート人事が語る面接官の本音

それでは本章の最後に、これまで何度か登場していただいた人材研究所・曽和利光氏のお話を紹介しよう。彼はリクルートやライフネット生命、オープンハウスといった人気企業において、無数の学生に面接官として向き合ってきた。私のように採用の門外漢ではなく、採用に大いにかかわっている人の意見は貴重である。以下、同氏の意見と、私からの補足である。

【業種に妙にこだわり過ぎる学生について】

やたらと業種を絞り過ぎる学生がいます。あくまでもイメージでその商品に携わりたいと考える。理系は専門分野の先にあるモノが見えますが、文系は最終商品しか分からないんでしょうね。「缶コーヒー」とか「自動車」とか「ゲーム」とか、そういったところしか見ない。

ただね、扱う商材が変わるだけで、**文系が携わる「セールス」「マーケティング」「開発」って、どこの業界でもやることはほとんど同じじゃないですか。**会議室でミーティングして、同じことをやっているんですよ。言うほどその商品に愛を感じていないくせに、そこにこだわる。そこのメンタルブロックが取れればいいですね。

――学生の場合、コンビニで買えたり、ゲームや旅行など、自分の趣味と関係したりする「分かりやすい」商品を扱う企業への入社を希望しがちである。とはいっても「分かりやすい」商品はせいぜい子供が「ウチのお父さんはカップヌードルを売る仕事をしているんだよ！」「へー！　カップヌードルおいしいよね！」と一瞬盛り上がる程度の利点しかない。別にB to B企業で商品自体がマイナーで一般消費者からすると分かりにくかったとしても、文系社員がやることは大して変わりはない。

【志望動機を聞くことの無意味さついて】

私は企業には「志望動機は聞かないで」と言っています。だって志望動機っておかしいんですよ。**合コンで会った瞬間に「なんで俺のこと好きなの？」って聞く**

のはおかしいでしょ。志望動機ってこれと一緒なんですよ。本来は「どんな人が好きなんですか?」というのが正しい聞き方ですよ。「志望動機」ということばが流布しているので、エントリーシートにも普通に書かれてしまっています。それに学生もありもないことを捏造《ねつぞう》して書いてしまう。志望動機を聞く気がない面接官は「志望動機聞かないんですか?」なんて言われても、「別にいらないんだけど」と答えるようになればいいですね。そしていつか志望動機を聞かない空気になればいい。

あと、エントリーシート自体は全社、同じものを出せばいいと思いますよ。

――こうした「志望動機不要論」も出始めているので、ご安心を。しかし、それでも志望動機を聞かれてしまったら、OB訪問をしていた場合は「○○部の××さんが仕事のことをすごく楽しそうに、自慢げに話していたので、自分もここで働きたいと思った」と言うしかない。OB訪問をしていない場合は、**「正直まだよく分かりませんが、これから面接を上がり、最終面接の段階では明確に言えるようになっていたいです!」**と言っても良いだろう。本当に志望動機なんてものは本音を言えば「なんとなく」「ここしか残っていなかった」「仕事が欲しいんで」「給料が良かったんで」「ステイタスがあるから」「昔から知っていたので」程度しかないのである。

「志望動機は？」という質問は本当に愚問であり、これを聞く面接官は惰性でやっている可能性がある。本当に志望動機を聞く必要があるのかは私からも訴えたいところである。ただし、**間違っても「はい。御社の『人と人の間に——山田工業』という理念に共感しました」のように、他の人でも言えそうなことは言わないように。**

エントリーシートの件についても、会社に合わせていちいち変えていると、他人と同じようなものができる可能性が高まるので、とにかく自分をもっとも的確に表すようなものを書くことを勧める。

【派手なエピソードは必要なのか】

「学生時代何を頑張りましたか？」と聞かれ、「学生時代、恋しかしていませんでした……」と答えても大丈夫ですか？　と学生に質問されたことがあります。

私はそれでもいいと思いますよ。学生時代に頑張ったことは、なんだっていいんですよ。実績なんてなくてもいい。結局、将来失速する人って、インプットが少ない人です。**学生時代に大人の真似事をして無理矢理なんらかのアウトプットをする**

必要はない。漫画ばかり読んでいてインプットばかりしていたといっても、それはダメなことではありません。

面接官が知りたいことは、どちらかといえば、今の自分を形成してきた長年の経験、生い立ち、ライフヒストリーです。一見派手な話であっても、学生時代頑張ったことというのは、最後の打ち上げ花火みたいなものでしかありません。しかも、社会人から見れば、小さな打ち上げ花火でしかない。なんでそんな人間になったの？　あなた、ということを聞きたいし、面接官も聞くべきだと思いますね。

——完全に曽和氏に同意である。もちろん、前出の鶴田君のようなエピソードはあるに越したことはないが、「ナンパを頑張った」という三井君のようなエピソードでもいいのだ。学生はついつい「即戦力である」ことをアピールしがちだが、基本的に日本の大企業はポテンシャル採用のため、いくら派手なことを言っても「で？　オレの方がでっかい仕事してますが……」と思われてしまう。

業界に片足を突っ込んだ学生のウザさ

これはやや偏り過ぎている採用方針ではあったものの、私が採用をやっていた時、広告研究会所属の人間はほぼ落としていた。というのも、彼らは張り合ってくるのである。

「僕は、学園祭で日清食品の『ラ王』という生タイプカップ麺をサンプリングしました。企業の人とコラボし、ウチの大学の学生の嗜好《しこう》に合う形でPOPを作り、無事3日間で1000個の配布をしました。キチンとアンケートも回収し、クライアントに提出しました。中川さんはこんなメジャーな商品扱ったことありますか？」

本当にこんな学生がいたのである。こうした学生は、OB訪問や面接で、いかに自分が即戦力であるか、自分がいかにその業種と関連した経験を持っているかをアピールしがちである。だが、社員からすると、これはちゃんちゃらおかしい。というのも、その業種と関連した仕事など、入社してしまえばいくらでもやることになるからだ。「私は少しなぞったことがある。だから優秀だし向いている」とアピールされても、「あのぉ……。オレ、日々そんなことをやってるんですが……。しかもお前よりもデカい規模で……。カップラーメンのサンプリングもやったことあるけど、その仕事は1年間の仕事のうち、100分の1ぐらいでしかなく、他に99件の仕事やってますが……。その1つをもってしてあなたの実績と胸を張る意味が分からない」と思う。

ここで「カップラーメンをサンプリングした」という経験は、広告業界では関係あるかもしれないが、果たして銀行を受ける時にアピールするネタたり得るだろうか。もっと別の、自分特有の何かをアピールできるエピソードを伝えるべきである。**こうした業界経験系のネタは「何か広告関係の体験ってありますか?」などと聞かれた時に言う程度のエピソードであり、ドヤ顔でアピールすべき類のものではない。**

質問に答えること、面接官を敵視しないこと

最後にやはり強調したいのが**「聞かれたことに答えろ」と「面接官は敵ではない」**ということだ。面接をしている時、「イラストが得意」だとアピールしてきた男子学生がいた。これも上記「サンプリング」と同じだと思うのだが、広告業界と関係した得意分野をなんとしても言わなくてはいけないと考えたのだろう。イラストであれば、広告と関係している――だからこれを言お

う、ということである。

イラストが得意だと言われれば、その腕前を見てみたくなるのは当然だ。また、当時はカエルのキャラクターを考えている最中だったため、参考にしたい気持ちもあったので「カエルのキャラクターを描いていただけますか?」と彼に言った。

すると彼は「えっ……」と茫然自《ぼうぜんじ》失《しつ》状態になった。サインペンと紙を渡すと、震える手でカエルを描き始めた。だが、**若干の輪郭を描いたところでペンが止まってしまい、ダラダラと汗をかき始める。**

私は「あっ、そんなに必死に描かないでいいですよ。別に、もういいですよ」と言うも、「最後まで描きます!」と言う。

一応カエルの絵は出来上がったものの、震える手で描いたものだから輪郭はよれよれになって、ヒドい出来だった。なぜ彼はあそこまで緊張し、汗を流したのか。恐らくは、イラストを描くことが面接通過の重要試験だと解釈したのだろう。こちらはなんの深い意味もない。イラストが得意だと言うから「描いてくれ」と言ったに過ぎない。学生がすべての質問を深読みしてしまうのも分かるが、もう少しこちらを信用してくれよ、とは思う。

一方、別の女子学生でも「イラストが得意」だと言った人がいた。面接の時期が同じだったため、「カエルのイラストを描いていただけますか?」とお願いしたら彼女は、「はい、分かりました」と言い、スラスラと描き始めた。

特に上手でもなければ、斬新なカエルでもなかったが、そこにはカエルがいた。彼があそこまで深読みをした後の自然な対応だっただけに感心した。イラストをお願いする以前にBをつけることは決定していたものの、この動じなさは高評価ポイントである。

彼女は最終面接まで行ったが結局は落ちてしまった。だが、NHKの内定を取り、その後転職をして宝島社で女性誌・CUTiEの編集長になる三浦祥子さんである。後に三浦さんに「なんであの時スラスラとカエルを描けたの?」と聞いたが「えっ? だって中川さんがカエルを描けと言ったから描いただけですよ。言われたことをやっただけですが……」と言われた。

これでいいのである。そして、面接官が何かの質問をしたり、「○○をやってください」と言ったら、それは意地悪をしようとしているのではなく、何か素晴らしいモノを見せてください、という助け船だと思って良い。**面接官は減点をしようとしているのではなく、加点をしようとしているのだ。その原則は覚えておいた方がいい。**

★結局企業は、「なんとなく」でしか学生を見ていない。

★何を話すか考える時は「合コンでウケるかどうか」を基準にする。

★面接で話す内容に、規模の大小は一切問われていない。

★社会人に「○○が向いている」と言われたら、真に受けた方がいい。
★業界人アピールは痛いだけ。隠すぐらいの気持ちで。

第4章

「仕事＝神聖なるもの」という誤った認識

社会人は楽しい

こうして就活に対する心構えを書いてきたが、自信はついただろうか？　案外普通にしておけばいいな、と思えただろうか？　最終章では、就活の先にある「仕事」について書いてみる。拙著『夢、死ね！』でも徹底的に主張したが、**仕事ってものはそこまで崇高なものではない。**ぐーたらな人間も多いし、何しろ**仕事をする最大の理由は「お金がもらえるから」**という実に世俗的なものだし、**お金を稼ぐために重要なのは「怒られないこと」**なのである。さらに言うと、下っ端が仕事をする本当の意味は、エラいオッサンを出世させるべく自分の時間を差し出すこと——に他ならない。

こうした人間味溢れる行為を世間の働く人々は日々やっているワケで、仕事は崇高な行為というよりは日常の普通の風景である。そこに至る就職活動だって、同じでいいのである。就活だからって途端に品行方正になる必要もなければ、聖人君子を装う必要もない。

2015年、1月5日、仕事初めの日に私はネットを見ていて大笑いしてしまった。今現在、ネットで多数書き込まれていることが分かるサイト「ヤフーリアルタイム検索」のトレンドワードの上位が「仕事に行きたくない」に関連した言葉だらけだったからだ。9時40分段階のトップ20には以下が入っていた。そして、これらは前日の4日段階でかなり書き込まれ始めていた。

1位　仕事行きたくない
3位　仕事始め
5位　仕事初め
6位　電車遅延
14位　仕事はじめ

これって、「うわ、昨日飲み過ぎた……、1限出たくねぇ……。でも今日出ないと単位とれねぇ……」みたいなものと同じなのだ。

私自身、学生時代は一生学生をやっていたいと考えていた。モラトリアムな環境に身を置き、しかも当時の国立大学の学費は年間約40万円だったため、月約33000円である。このカネを払えば、「学士様」の立場で学割なども含め、色々と優遇してもらえる。しかも、責任のない大人という実に素晴らしい立場で自由に旅行もできれば、居酒屋でへべれけになれる。あぁ、学生ってサイコー！　と思っていた。だからこそ社会人になることに対して嫌悪感を持っていたし、1997年3月31日、明日は初出勤だ……という日は憂鬱《ゆううつ》で仕方がなかった。ついに、社畜として、自分自身を殺す滅私奉公の暗黒時代が幕を開けるのか……、と暗澹《あんたん》たる気持ちになったのだ。

だが、社会人——いいじゃないの！

いやぁ、参った。本当に楽しいのである。私自身、学生時代はまったくモテず、女性と会う機会などほとんどなかったのだが、会社に入った途端、女性との出会いが激増したのである。仕事を一緒にして、一緒になんらかの苦難を乗り越えた外部の人と打ち合わせの帰りに「いやぁ、無事終わりましたね。ちょっと一杯飲みに行きませんか」なんて誘ったら、その場で次の飲む機会や、横浜でデートをすることなどが決定する。

そんなわけで、一体オレの4年間の暗黒時代はなんだったんだ！　社会人サイコー！　みたいな気持ちになるのだった。とはいっても仕事についてはくだらないことが多い。誰もが売れないと分かっているにもかかわらず、強引にそのサービス・商品が素晴らしいものだと思わされ、それの素晴らしさを信じて社員が奮闘するのである。

世の中に溢れる商品のほとんどは、ヒットしないまま終焉《しゅうえん》を迎える。しかし、それら商品の陰には、必死に頑張った人々の存在があるのだ。彼らはその商品が売れると考え、パッケージを作り、広告を打つ。流通に対しては「これまでにないほど、高級な豆を使ったコーヒーです！」みたいなアピールをするものの、内心では「あんまり違わないんだよな、てへぺろ」みたいなことを考えているのだ。

私自身、これまで数千人の人々と仕事で付き合い、プロジェクトにかかわってきたが、大成功したプロジェクトなど数えるほどである。しかし、日々仕事の受注は受けるワケで、その都度「これは成功する！」と関係者は皆考えている。書籍にしてもそうだ。まったく売れない本だらけではあるものの、著者と編集者は、その本がミリオンセラーになると信じて毎度作っているのである。この本に関しては「就活生44万人の中でちょっとでも多くの人に届けばいいな……」といったやや控えめな欲望はあるものの、志は高く持っている。

仕事は基本、くだらない

学生が萎縮してしまう背景には「仕事＝神聖なるもの」という誤った認識がある。

正直なところ、「お前なんかいらない」という仕事は多数あるし、「お前がいなかったらもう少し安くなるんだよ、ボケ」という事情もある。だが、人間は生まれたからには生きなくてはいけないし、自分の仕事にとっては無駄な人間であろうと、その人の家族や友人にとっては重要なもの。だからこそ、その人の人生、そしてその人生を成り立たせる無駄な仕事も尊重しなくてはならない。

面接の時は全社会人が優秀だと思うかもしれない。だが、仕事の多くは実にくだらないものが多いと感じないか？　たとえば、小さな会社で働く私の知り合い・A氏はあまりにも忙しいため、平日は会社で寝泊まりしている。実際の家は、会社から1時間半ほどかかる場所にある。これは実家だ。普段から銀行と色々やり取りをしているのだが、すべての書類は実家に行ってしまう。カードを紛失した際や、各種手続きをするにしても、様々な確認書類は実家に送られてしまう。「会社に送ってもらえませんか？」とA氏が言っても「登録している住所でなくてはダメです」となる。

いくら銀行の人と長い付き合いであろうが、「登録している住所にすべての書類は送る」というルールがある以上、それは曲げることができない。「本人がお願いしているのですが……」という主張は通じない。

かくして、カード再発行の手続きをするとなると、月曜日に手続きをした場合、水曜日に実家に書類が届く。実家からは水曜日に転送の手配をしてもらう。金曜日にA氏の会社に書類が実家から届き、それに記入をしたうえで郵送すると月曜日か火曜日に銀行に到着をする。そこから「中3営業日かかる」というこれまた謎のルールがあり、月曜日に到着したとして銀行はようやく動き出し、火曜日にその書類を元に、カードの再発行が行われる。木曜日にカードは実家に届き、彼の手に届くのは、実家に帰る土曜日となる。

カードの再発行手続きから、実に約2週間でようやくカードは本人の手元に届くのである。顔見知りの銀行員であれば電話1本し、「カードなくしたんで、今日手続きに行っていいですか?」とアポを取り、その場で書類に記入し、会社にカードそのものは送ってもらえばいいじゃないか。銀行の複雑な事情はよく分からないが、カードを1枚1枚手作りしているワケでもないだろうから、翌日にはできるのではないだろうか。そして、その日に発送すれば、水曜日か木曜日には客の手元に届く。あくまでも「登録している住所でなくてはダメ」「中3営業日かかる」という非合理的なルールにより、時間がかかってしまうのである。

それなのに、**この会社の採用メッセージには「『変化』の時代です。これから求められる時代は『変化』に対応するのは当然のこと。『変化』を作り出す人です」なんて書いてあったりする**のである。どの口が言うか、バーローめ、である。

「どちらの中川様ですか？」という暴力

仕事で相手を不快にさせることについては、こうしたバカマニュアルの存在に加え、固定観念の存在がある。

企業で働く人にとっては「**会社に所属している＝信用できる**」「**会社に所属していない＝信用できない。あっちいけシッシッ、ウチに電話してくるんじゃねえ、バーロー**」ということになる。

これが最も現れるのが、電話である。顔が見えないため、基本的には相手は警戒して出る。「はい。〇〇社です」と言って受話器を取る。そこで、「ソニーの山田と申しますが、吉田さんいらっしゃいますでしょうか」となると、「はい、少々お待ちください」とスムーズにことは進む。

だが、会社名がないと、話が進まなくなる。これまで何十回と経験してきたことなのだが、本当に話が進まないし、不審者扱いをされる。私の場合はフリーライターなので「ライターの中川です」と言っても良いのだが、なんとなく「ライター」という言葉が恥ずかしいのだ。理由は分からない。なんだか自分が火を点ける道具になったような気がするのかもしれないのだが、妙に気恥ずかしいため、「中川と申しますが、吉田さんいらっしゃいますか」と電話をする。

するとと、電話に出た人は「は、はい……、少々お待ちください」となり、そこからしばらく受話器からは『エリーゼのために』のお待たせ音が流れ続ける。もう分かっているのである。受話器の向こうでどんな会話が行われているのか。

「吉田さん、中川さんって人から電話ですが……」

「**どこの中川?**」

「それが特に名乗っていなくて……」

「う〜ん、どんな様子だった?」

「なんか、ボソボソと喋る暗い感じの声でした」

「怪しいなぁ。席外してるって伝えてよ」

「いつごろ戻りますか?　と言われたらどう言っておきますか?」

「分からない、と言っておけばいいよ」

こうして電話に戻るこの女性は「あのぉ、お待たせしました。吉田は只今席を外しております」となる。

毎度これなのだ。こちらは別の人間から「吉田という担当がいるのでそこに電話してくれ」と言われて電話をしているというのに、会社名がないだけで繋いでもらえない。しかし、「国際新企画の中川です」と言えば繋いでもらえる。そんな会社の名前は聞いたことがなくても、会社のっぽい名前さえ言えば、信用度があると考えられるのだ。

幸いなことに、最近の私は「NEWSポストセブンの中川と申しますが」などと、自分が編集を行っているニュースサイトの名前を言えるようになっているが、完全なフリーの時代は、半ばやけっぱちになり、「どちらの中川さんでしょうか?」と言われ「**立川の中川です**」と自分の家がある立川市のことを言っていた。

こんな意地を張ることは実にバカげているし、「お前、スムーズに仕事をしろよ」と言われそうではあるものの、「会社名を言わないと信用されない」ということは通説となってしまっている。これも、一つの思考停止である。前に聞いた話で、某著名作家が某出版社に電話した。「米田と申しますが、田中さんいらっしゃいますか?」「どちらの米田さんでしょうか」「米田元彦です」――ここで電話を取ったアルバイト従業員は「これは『脅し』か『たかり』ではないか」と気を回し「田中は海外出張に行ってます。しばらく戻ってきません」と言う。

米田氏は「えっ？　そんなこと聞いていませんが」と言うも、「現に出張に行ってます」と言ってしまう。電話を切った後、アルバイトは意気軒昂《いきけんこう》として田中氏のところに行き、こう言う。

「さっき、米田とかいう不審者から電話があったので、田中さんが長期海外出張に行ってることにしときました。もう電話は来ないと思います」

そこで田中氏は「ちょっと、米田先生にそんなウソついたのかよ！」となってしまい、慌てて田中氏は「スイマセン、バイトが勘違いしていました……」と平謝りになる。

なんというのだろうか、仕事をしていると往々にしてこの手の無駄な警戒と配慮がまかり通っていることもある。長々とトホホな話を書いてきたが、**ここで訴えたいのが、「仕事だからってそんなに大したことないよ」ということである。**なんせ、世の中は仕事だらけだからだ。誰にもできるもの。それが仕事なのである。偉業を成し遂げるのは難しいが、仕事をこなすことは簡単である。過度に社会人を神聖化しないでもいい。

中間業者が無駄すぎる

そして、無駄な仕事の最たるものの一つが「中間業者」の存在である。これまで博報堂について色々書いてきたが、実は私自身が会社を辞めた理由の多くを占めたのが自分自身が中間業者になっていることを認識したからだ。

もう、情けなくて、こんなことを告白するのも本当はイヤなのだが、これまで私は会社を辞める理由については

①残業時間が長過ぎた

②サラリーマンを続けるのは無理だと感じた。故にサラリーマンとしての人生をやめるのであれば、早い方がいい

の2点を説明してきた。だが、実際は

③自分が本当はその場に不要な人間なのに、いるのが嫌だった

という事情もある。

『夢、死ね！』では、47歳になった時、窓際族になった自分を想像したと書いた。実際、毎日会社に行ってもやることがないようなオッサンは案外多く、そういった人々は図書室で新聞を読むこと、そしてクソをすることが一日のハイライトとなっていた。そんな窓際族という会社にとって不必要な存在になると、気が弱い私の場合はいたたまれない気持ちになることだろう。

自分が間違いなく出世しない存在であることが分かったから、窓際族になることを回避すべく、丸4年働いた後に辞めたのだった。これは社内で「いらない人間」ということを意味する。だが、博報堂の企画部署の人間は、少し意識を低くしておけば、いくらでもいらない人間になることができる。

多くの仕事には中間業者がいる。私もまさにそうだったのだ。たとえば、企業がプレスリリースを書くとする。すると、企業は広告代理店の営業を呼び、説明をする。営業は私がいたようなPRの企画をする部署に連絡をし、プレスリリースを書くよう依頼をする。私はそこで下請けのPR会社を後日呼び、プレスリリースを書いてもらう。

「いつまでにできますかね？」

「1週間後に初校を出します」

実際、プレスリリースなんてものは、情報さえあれば、数時間で書けるものである。だが、このPR会社の人にしても、実はさらにフリーランスに外注をしていたりもする。かくして、プレスリリースを出す主体であるクライアント企業から「営業」「企画部署」「PR会社」を経由し、「フリーランス」という最終的に書く人に伝わるまでにかなりの時間がかかる。そして、お金にしてもクライアントは営業に20万円払っても、途中、ピンハネをする主体が2つ入るため、実際に作業をする人には3万円しか入らない。

こういった仕事をする時、私は「オレが自分で書きますよ」と上司には言っていた。だが、上司は「こういった単純作業はPR会社に発注した方がいい。お前はもっと『頭』の部分をやれ。企画とかそういったものに時間を使え」と言う。

これには納得したものの、当時の私の感覚であれば、自分よりも年上のPR会社の人にプレスリリースの内容を説明し、一応「チェックする」という立場はあるものの、正直直すところもあまりないうえに、自分はその商品に対して特に詳しいワケでもない。「てにをは」を若干直しただけで「仕事したつもり」になっていた。

また、イベントをするにしても、台本や運営マニュアルを作るのは、我々企画部署が外注したイベント会社である。正直私がやることなどほとんどない。ただ会議に出席して、イベント本番の日は体面上会場にいるだけである。イベント会社の人々は、お土産の補充やら、ステージの準備やらで、忙しそうに動いているが、私はブースの隅っこでメモとデジカメを持って、**何やら時々メモしたり、展示物やステージの様子を写真撮ったりし、「仕事をしている自分アピール」をするだけである。**

ちょっと現場を中座しなくてはいけない時、下請けであるイベント会社の人々は「分かりました。中川さんがいなくてもなんとかしますので、ご安心ください」などと言うが、全員が分かっているのである。私がいなくてもその場は回るということを。あくまでも、何かがあった時に責任者として存在しているだけなのだ。

もちろん、大手広告代理店の企画部署の社員であっても、現場で色々と作業をすることは可能だ。そういった役割になると決めれば作業はできる。だが、当時の雰囲気としては、極力外注に出し、売り上げを増やすことが求められていた。

メディアに企画を売り込むにしても、ＰＲ会社の人に「よろしくね」と丸投げして終わり、ということも多かった。もちろん、自らメディアの人に売り込みをかけてもいいのだが、メディアと強固なパイプを持っている人などあまりおらず、むしろ外注先との関係が深くなっていくだけで専門性が欠けていっている感覚があった。

こうした中間業者のような仕事をしていたことが本当にイヤで、さらには自分の方が同世代のPR会社やイベント会社の人よりも圧倒的に多額の給料をもらっていることにも嫌気がさして会社を辞めてしまったのである。

私の指導社員が打ち合わせを16時に入れていた理由

あとは、仕事があまりにもくだらない様式美やムチャ振りで回っていることを知ったからだ。たとえば、京セラの知り合いがいるが(退社済み)、**毎朝会社に行くと、稲盛和夫名誉会長の著書を部署全員で輪読し、感想を言い合うしきたりがある**と語っていた。また、同社がスポンサーを務めるJリーグの京都パープルサンガの試合のチケットを購入するノルマがあり、彼に会うために京都に行くと毎回サッカーの試合を観戦させられた。

広告の仕事をしていると特に顕著なのだが、**微妙な製品であろうとも、「この製品は素晴らしい!」と言い張るしかない。**

「今回の目玉は、有効成分タウリンが1000㎎から1200㎎に増えたことです! これがいかに画期的かをアピールしてください」――こんな依頼が来る。タウリンが200

mg増えたからといって、何がどう変わるのかもよく分からないまま、クライアントからの依頼は「増えたことのアピール」でしかない。200mg増えることによって人体にどんな好影響があるのか、1000mgの時とどう違うのか、などを聞いても納得できる回答はない。

かくして、誰もが「大したことないのになぁ……」と思いながらも「ついにタウリン含有量が1200mgに！」といったコミュニケーション活動をしてしまうのだ。この広告が世に出た場合、効果的だったかどうかはよく分からない。認知度調査をかけるなどし、広告を打つ前と打った後の認知度の変化を報告する。調査の中から都合の良い数字を切り貼りし、効果があったかのような報告書を作る。

こうした報告書というものは、基本的には関係者が怒られないために作られるものである。人間誰しも、崇高なる理念を持って生きているワケでもないし、その場をとりあえず乗り切れれば良い。分厚い報告書にしても、すべては「ここまでやりましたよ」という証拠作りでしかない。現場で作業をした若手が上司に渡した報告書に上司が修正指示を出すかもしれない。それは、さらに上の上司が納得するような形にするためである。そして、さらに上の上司は、役員が納得するよう、修正指示をすることだろう。ここでは「こんなヘボい報告書を作りやがって、バカ」みたいな話にはならず、「**もっと上が納得するような報告書に書き換えてくれないか、ナッナッ**」といった形の共犯関係が存在するのだ。

元々仕事とは崇高なるものだと会社に入る前は思っていた。だが、案外そうでもないのである。入社してから1ヶ月後、「トレーナー」と呼ばれる私の指導担当社員と一緒に、とある製薬会社の仕事の打ち合わせをした。あくまでも、社内での事前打ち合わせのようなもので、その打ち合わせの最後には、営業担当からクライアント企業に行く日程の相談を受けた。

「23日が先方は空いているのですが、何時がよろしいですか？　15時ぐらいにしてほしいと言ってました」

そこで、トレーナーの杉永さんは腕組みをし、「う～ん、その日は16時しかダメですね」と言う。よっ、さすがはトレーナー、売れっ子！　ヒューヒュー！　などと思っていたのだが、後で事情を聞くとギョーテンした。

「中川、なんでオレが16時にしたか分かるか？」

「15時だと予定が入っていたってことですよね」

「違うんだよ。予定はない。ただな、15時にクライアントに行くと16時に終わるだろ。すると、会社に戻らなくちゃいけないんだよ。**16時にしておけば、打ち合わせが終わるのが17時、そのくらいの時間に会社に『今、クライアントでの打ち合わせが終わりましたが、もう一軒寄るところがありますので、今日はもう会社に戻りません』と報告ができるんだ。だから、『外での打ち合わせは16時』を覚えておけよ**」

なんともスーダラな発言ではあったが、この時社会人ってそこまでクソマジメにならなくてもいいんだな、という姿勢は初めて理解できた。そして、この姿勢はあれから18年経った今でも続いている。

結局消防や警察、医療機関などを除き、多くの仕事は誰かが死ぬワケではないのである。その場その場、なんとか及第点を叩きだし続け、完璧ではないものの、なんとなく皆が納得できる内容になっていれば、その場はしのげるし、お金も稼げる、ということだ。

仕事を頼みづらい『情熱大陸』出演者たち

私は『情熱大陸』（TBS系）を時々見る。この番組は、基本的には日々の仕事を頑張り、卓越した結果を挙げている人を取り上げる。「ニューヨークで成功した寿司職人」や「AR技術を使いこなすクリエーター」「プロ野球選手」「俳優」などに加え、「巨大魚を追っかける人」「雷の写真を撮り続ける人」など様々だ。登場人物には大きく分けると2パターンある。一つは「何事も全力投球で自分にも他人にも厳しいプロフェッショナル」と、「周りがなんと言おうとも自分がやりたいことをやり続けるバカ」である。前者は社長やクリエーター、俳優やスポーツ選手が多く、後者は「巨大魚を追っかける人」などとなる。

私は後者は大好きなのだが、前者がどうも苦手なのである。それは、あまりにも演技がかっているからだ。「本当にお前、24時間そんなにピリピリしているのかよ……」と思う。典型的な例を挙げるとこうなる。

①打ち合わせの時は、ダメ出しを厳しくする
②言葉にいちいち棘《とげ》がある
③極限までこだわり続けることを当たり前だと思い、お手軽にやろうとする人を糾弾する
④出来栄えに納得せず、最後の最後までもがき続ける
⑤なぜか突然ひらめく

最後の⑤なぜか突然ひらめくだが、ある音楽家が寒い冬の北海道、大自然の中で延々曲を考えるというシーンがあった。まともなツッコミを入れると**「お前、風邪ひくぞ」**となるが、作曲家は延々大地の中で迷い続ける。雪まで降ってくる。とある瞬間、突然曲がひらめき、一気に曲を書きだすのだ。後になると「**私に降りてきたんです……**」なんて言う。だが、これはテレビ用の演出だろう。普段から曲を作る時に寒い場所でずっと悩む、なんてことをしているわけがない。暖かい部屋でコーヒーでも飲みながらやった方が曲は作れるだろう。

2014年、ゴーストライター騒動ですっかり有名になった、佐村河内《さむらごうち》守氏もそうだったが、真っ暗な部屋の中で頭をゴンゴンと壁に打ち付け、苦悩する様子を取材させたりする。結局は、「仕事に厳しい」「仕事に妥協しない自分」の演出なのだ。

そして、よくあるのが「もうこれ以上は今日はダメです」とドアをバタンと閉め、取材陣が追い出されるシーンだ。翌日になると、なぜか仕事は終わっており、若干ヒゲが伸びてやつれた彼が登場。無事、仕事が完遂し、イベント会場の風景が出て、葉加瀬太郎の『エトピリカ』が流れ、大団円となる。

これらの映像に対する率直な感想は、**「こんな上司・仕事相手とは仕事がし辛い」**ということになる。とはいっても、実際、仕事で成果を出している人には人がついてくるわけであり、あくまでもテレビカメラの前ではつい厳しいオレ、妥協しないオレ、を演じているかもしれない。私も同番組に出演した人と仕事で付き合ったことはあるが、まるでピリピリしていないし、気を抜くところは抜いていた。

仕事というのはそんなものなのである。それなのに、働いたことがない人からすると、『情熱大陸』や『プロフェッショナル　仕事の流儀』(NHK)、『ガイアの夜明け』(テレビ東京)に登場するデキるビジネスマンのイメージを仕事に求めてしまう。

それは、採用HPにおける「先輩社員からのメッセージ」にも現れている。どいつもこいつも立派過ぎることを言っている。知り合いの男がたまたまこうしたコーナーに登場しており、「私達が作る製品のその先にいる消費者の生活を常に見据え、イノベーションを起こしていくことをミッションとしています」なんて書いていた。

こいつは酒を飲むと途端にエロくなり、風俗店に行きたくなり、カネがもったいない、でも行きたい、と逡巡するようなどうしようもないくらいトホホで人間味溢れる男なのだが、採用HPでは実に立派である。

「お前、あんなに普段から立派だったっけ？　酔っ払うのも風俗もイノベーションのためだったの？」と聞くと**「やめてくださいよぉおお！　会社から言わされただけっスよ！」**なんて答えが返ってくる。

第一志望に入れずとも、いくらでも幸せになれる

その就職活動、当然誰もが第一志望の会社に行けるわけもない。不本意ながらも志望順位の低かった会社に入る人もいるだろう。それが当たり前なのだ。多くの人は、就職人気ランキング上位の企業に行きたいと考えるだろうが、それがいかに難しいかは『なぜ7割のエントリーシートは、読まずに捨てられるのか？』（海老原嗣生《えびはらつぐお》・東洋経済新報社）に記されている。

同書では**「どんなに好景気でも、人気企業の採用枠は3万人に満たない。こ**

れは、旧帝大＋早慶に入るより狭き門」と結論づけている。学生数は1学年60万人だというから、相当な狭き門である。

自分の周りでもいいし、テレビ等のメディアに登場する人でもいいが、幸せそうな人は一体何が幸せだと言っているだろうか。

「健康なことです」「いい家族に恵まれたことです」「東京マラソンの抽選に当たったことです」「ハワイで大きなカジキマグロを釣れたことです」「スマホゲームで最強クラスになったことです」「彼女ができたことです」「憧れの芸能人の楽屋に行けたことです」「クックパッドで『つくれぽ』が100件を超えたことです」「ツイッターで知り合った人たちとオフ会をしたら面白かったことです」

こういったことが、日々の人生の幸せ構成要素になっており、そこに会社名が入り込む余地はそれほどはない。

もちろん「住友商事で働けたことです」と言う人はいるだろう。だが、もっと深掘りしてみれば、「様々な国で働けたことです」や「日本に初めて○○という商品を持ちこめたことです」「素敵な仲間と出会えたからです」といった形になる。その会社に勤めているから幸せということではなく、そこから何をやるかが幸せに直結しているのである。そもそも、人生を構成する要素は会社だけではない。たかだか数ヶ月の活動に過ぎない**就職活動という茶番により、希望していた会社に入れなかったからといって落胆し過ぎるのは、あまりにももったいない。**

人気企業だってクソみたいなことは多い。数年に1度、自殺者の話が出る会社もあれば、とんでもないセクハラやモラハラが横行している会社も多い。不祥事を起こして逮捕される人気企業社員などうじゃうじゃいる。本書の冒頭でも書いたが、どの会社でも転職する人間はいるのだから、その会社に入ることが幸せな人生を約束してくれるワケもない。

皆さんも、これまでにも人生では数多くの挫折を経験していることだろう。それは、希望する学校に行けなかったこともあるだろうし、サークルの「セレクション」で落ちてしまったこともあるだろう、希望のゼミに入れなかったこともあるだろうし、好きな異性に告白してもフラれることもある。**つーか、人生なんてうまくいくことの方が少ないのだ。**就職活動もその程度のことである。落ち込んだらそれまでと同様に誰かに慰めてもらえばいいし、別の会社を受ければ良い。幸いなことに、この世には無数の会社があるし、仕事も無数にある。

幸せは、「環境」がもたらすものではない

新卒の時に第一希望の会社に入れなかったら、実績を積み、その会社にいずれ転職で入ればいいではないか。いや、そこまでこだわる必要は全然ない。「仮面浪人」とこれは似たところがある。

私が行った一橋大学は、東京都内の国立大学の社会科学系の学部でいえば、東大に次ぐランクとなる。よって一橋に入る学生は元々東大志望もそれなりに存在する。本人は不本意ながらセンター試験の点が足りなかったなどの理由で東大を受けられず、結果第二志望の一橋に入ることとなる。だから入学段階ですでに「オレ、仮面浪人なんだ。来年東大受ける」といきなり言い出す者がいる。

「おいおい、せっかく知り合えたのにそんなこと言うなよ」なんて言っても「いや、一橋なんて東大に比べればクソだ。オレは絶対に来年、東大の文Ⅱに行くから、お前らみたいに遊んでいられない」と真剣な眼差しで言う。

講義が終わった後「メシ食いに行こうよ」と誘うと「オレは勉強しなくちゃダメだ」と言い、去っていく。休み時間、彼は受験用の参考書を読んでいたりして「近寄ってくるなオーラ」を放っている。最初は「あいつ、頑張るなぁ」と思うものの、途中から「あいつ、

バカか？」としか思えなくなってくる。

まず一つは、他の皆が楽しそうにしているのに、頑なに自分の殻をかぶり、拒絶するからである。いくら誘おうとも、乗っかってこないし、新たな出会いをまったく大事にしようとしない。**そして最大のバカな理由が、「とある環境」が幸せを保証してくれると思うからである。**東大に行けば幸せになれると信じ込む姿はもはや滑稽である。クラス対抗の体育祭の後の打ち上げでも、他が盛り上がっているのに、話す内容は東大受験のことばかり。盛り上がる他の学生を、あたかもバカかのように扱う。

とはいっても、目標を持って頑張っている人を蔑むのはどうかと思うので、彼のことを無視したりはしない。そして10月、新しい学期になると彼は途端に付き合いが良くなる。

「どうしたんだよ？」と聞くと晴れ晴れとした表情でこう言う。

「いやぁ、もう東大なんていいや。一橋も案外楽しいから仮面浪人やめた。面倒くせぇよ、もう」

そこで皆は「やっと気づいたか、バーカ！　そんなバカが東大なんか通るかよ！」とようやく初めて真の仲間になれるのである。

就職だってそんなもんである。希望の会社に入れなかったからといってウジウジしている人間のことを誰も同情しない。むしろそんな人間は呆れられてしまう。**本当の意味での「失敗」という言葉は、人生においてはあまりないのではないだろうか。あくまでも「コース変更」というだけであり、常に人生は軌道修正の連続なのである。**

仕事をしていてもそうだ。当初思い描いていた通りに進むことなんてない。

特に販促イベントを企画したりするとそんなことはしょっちゅうだ。当日雨が降ると、想定していた人数の客は途端に来なくなる。アンケートと引き換えに合計100個のレトルトカレーを配ろうとするも、150人が並んでしまう。「100個しかありません！」と悲鳴を上げると「オレは並んだんだぞ！　この時間返せ！」なんてクレームを受けて、部長に謝罪してもらわざるを得ない。だが、突然追加のレトルトカレーを2時間後には入手できるようになり、怒っている人に整理券を配って後で渡すことを約束したりもする。

すべてのことは予定通りにいかないのだ。

だから、就職活動という茶番の極致ともいえるべき数か月の活動に、人生すべてが左右されると考えるのはやめよう。なんだかよく分からないが、右往左往しているうちに、人生は思い描いた方向に動いたりもする。

希望の会社に入らなかったとしても、仕事はできる。

この経験から14年、現在私はこうして本を書いているように、個人名で仕事を貰えるような立場は獲得した。私自身日々、生活と出会いをもたらしてくれている「仕事」に感謝しているが、地道に頑張っていれば夢は叶うんだな、という出来事があった。

これまで散々「夢、死ね！」と言ってきた私だし、仕事にはトホホなことが多く、いかにくだらないかも述べてきた。だが、仕事には素晴らしい面が案外多い。その第一歩としての就職活動なので、自分の良さをビシッと伝えるようにしてください。

「夢」を「目標」レベルまで落とす

さて、本書の最後に、前向きな話を書いておこう。夢は叶う、という話である。私には密かな夢があった。元々出版業界を希望していたことは前に書いた。しかしながら、応募書類の課題のレベルが高過ぎるため、出版社への就職は諦めた。その代わり、広告会社に入り、退職後なぜかフリーとして出版社と仕事をするようになる。言われた仕事をやり続けていたら、いつしか雑誌や新聞の連載の仕事をもらえるようになり、書籍執筆のオファーも案外もらっている。

そして、この「モノカキ」仕事だが、モノカキとしては実にありがたい状態になっている。モノカキを目指すきっかけとなる人物がいる。

作家・椎名誠氏である。

中学の時『わしらは怪しい探検隊』という本を読み、その面白さに感動し、大学生になってからは『さらば国分寺書店のオババ』『かつをぶしの時代なのだ』『赤眼評論』などのエッセイに加え、「青春三部作」と呼ばれる『哀愁の町に霧が降るのだ』『新橋烏森口青春篇』『銀座のカラス』で描かれる若者のドタバタ劇に震えた。何しろ話が面白いのだ。男だらけで怠惰な共同生活をしたり、河川敷で空手家と決闘したりする。時々仲間が去っていくなど哀愁漂うシーンもあった。会社に入ってからは、会社にいる怪しくも素晴らしい人々との男臭い日々が描かれていた。椎名氏の生き方に憧れ、私も男と一緒に共同生活をしたり、ホームレスと一緒に酒を飲んだりした。文体も「ふざけんな、エッ！　と言いたい」や「あっあっ、やめて、なんてことになるのであった」みたいな口調が気に入ってしまい、今でも使わせてもらっている。

『哀愁の町に霧が降るのだ』では、よく「A出版社の男」という人物が登場した。椎名氏に対して鎖鎌を投げつけてくる凶悪な編集者なのだが、椎名氏と彼の打ち合わせシーンが度々描かれていた。私はこれが羨ましくて仕方なかったのだ。モノカキと編集者がバーや喫茶店で出会い、ビールやお茶を飲みながら、次の企画をどうするか一緒に考える。**うひゃーっ、カッケー！　オレもいつかやりてぇ！**　と大学時代、同書を読み返すたびに考えていた。

それから時は流れ、出版業界には入れなかったため、一旦「編集者と打ち合わせをする」という夢は封印。だが、新卒で入った会社を4年で辞めた後、「セブン」や「日経エンタテインメント！」「テレビブロス」で編集者と打ち合わせをするようになる。

朝日新聞東京本社ビルの脇にある築地浜離宮ビルの2階には「コリント」という喫茶店と「レザンドゥ」というイタリア風食堂があった。ここで編集者と企画の打ち合わせをするのである。

その時27歳、「おぉ！　ついに20歳の時の憧れが叶ったぞ！」となんだか誇らしげな気持ちになった。だが、この頃はあくまでも「発注主からの指示を受ける下請け業者」の立場としての打ち合わせである。椎名氏とA出版社の男のように、「著者と発注主」の関係ではない。

だが、2009年に書いた『ウェブはバカと暇人のもの』がヒットし、以後、「著者と発注主」の立場で数々の仕事を行ってきた。それは、雑誌・新聞の連載だったり、書籍執筆、雑誌の単発の記事寄稿、メディアからの取材など様々な形でだ。

喫茶店で編集者と喋るたびに「あの時の夢は叶った」と毎度思っていた。本書の編集者・今井雄紀氏は私より13歳も年下だが、妙に気が合っている。今回の書籍の打ち合わせをしている時はこんな会話になった。

私　今井さんさぁ、オレ、こうやって編集者と打ち合わせしてる瞬間が一番好きなんですよ!

今井　なんでっスか? 別に、普通のことじゃないですか!

私　いや、学生時代にさ、椎名誠の本を読んでたら椎名さんが編集者と打ち合わせをするシーンがけっこう出てくるんですけど、それを見て「オレもこれやりたいっ!」って身悶《みもだ》えていたんですよ。今、40歳になってそれができているのがオレ、幸せで、幸せで……。

今井　そんなことで幸せに感じられるって幸せですね。
私　そうなの、オレ、幸せなの。

ここで「夢」と「目標」の違いを。たとえば、「編集者と2人で打ち合わせをする」は大学時代は夢だったかもしれない。だが、ライターになった場合は、「目標」であり「日常」となる。とはいえ、まだ「著者様」として編集者と打ち合わせをするまでには至っておらず、椎名氏とA出版社の男の関係はまだまだ「夢」に近い。

日々記事執筆の実績を作っていくうちに自分の名前を前面に押し出す「著者」になっていくと、書籍執筆の依頼が来る。これはかつては「夢」だったが、ある程度実績があるモノカキにとっては「目標」となる。なぜならばその時の立場・実績を考えるとある程度は現実的な話だからだ。つまり、実績を重ねることにより、「夢」というとんでもなく遠い世界の話が「目標」というやや身近な話になってくるのである。だからこそ、**夢を叶えるためには、着実に仕事をこなし、「夢」だったものをなんとか手が届く、頑張ればその場に到達できる「目標」レベルに落としていくことが必要だ。**

仕事をしていると、自然と余裕が出てくる

学生時代、私はまったくモテなかった。博報堂に入ってもあまりモテなかった。それは、女性に対して畏怖の念を抱き過ぎていたからである。我々男は「女性に会っていただく」下僕のような立場だと思っていたからだ。それは、同世代の方が女性がシッカリしていたり、とにかく美しいため怖気づいていたからである。だからこそ「イケメンじゃないオレごときが、女性をお誘いするなんて……」と勝手に遠慮していた。

そんな卑屈な男がモテるワケもない。ところが、ある程度の年齢になり、仕事の実績もできてくると途端に卑屈な気持ちがなくなり、対等な気持ちで接することができる。以前は「オレなんかでよろしければ会っていただけませんでしょうかぁ……」とオズオズと聞いていたところが「えっ！　ビール好きなんですか？　オレも好きです！　今度、新橋のビアライゼ'98って店行きませんか！　ビール注ぐの、超ウマい店でメンチカツもウマいですよ」と、「あなたとは趣味嗜好が合いそうなので、一度時間作ってもらえますか？　もしかしたらお互い楽しい時間が過ごせるかもしれませんね」という余裕をもった誘い方ができるようになるのだ。

27歳の時、とあるテレビ局勤務の同じ年の女性・Mさんと飲む機会があった。その場には他にも32歳の男性、31歳の女性がいた。なんとなく3人が大人に見え、その日はほとんどしゃべらなかった。年上を前に堂々と喋るMさんを前に、私はうじうじとしてビールを飲むだけだった。

それから7年後、34歳の時、たまたまMさんに再会した。とある企業のオフィス移転のパーティで再会したのだ。

「あれ、一度お会いしませんでしたか?」と言ってきたのがMさんだった。よくぞ覚えていてくれたものである。

「あ! Mさん! お久しぶりです!」

そこで名刺交換をしたのだが、私の事務所はたまたま彼女の自宅と最寄駅が同じだった。そこで盛り上がってしまい、「今度飲みませんか?」とどちらからともなくなり、私は「そうしたら、次の土曜日の18時はどうですか?」とビシッと言うことができ、彼女は「行きたい店があるのでそこでいいですか?」となり、見事に彼女との会合にまでこぎつけたのである。土曜日はサシで飲み、以後彼女とは頻繁に会うようになった。

27歳の時はビビって話せなかったMさんとは、「今日は楽しかったですね」「そうですね」と言い合える関係になっていった。

仕事も同様だ。「いえいえいえいえいえいえ、わ、私なんかがこんな仕事をさせてもらうのは恐縮ですっ！　じゃあ、失礼しますっ！」と必要以上におずおずとしながら逃げてしまうのではなく、「私で役に立つのであればやります」と言えるようになる。

これまで17年間仕事をしてきたが、自分としては様々な「目標」到達の日がいつか来ればいいと思いながら仕事を続けてきた。

これまでやってきたことは自分としては「目標」到達のためだった。「夢」は実際は持っていないと信じようとしていた。「目標」を持つことは仕事人としては当たり前だが、「夢」を持つことは中2病的で恥ずかしいことだから、公言してはマズいと思っていた。だが、本当は夢はある。それは、自分がモノカキになるきっかけとなった椎名氏と仕事をすることである。それも、雑誌で椎名氏の取材をするということではない。それではこちらが頼んで一緒にやってもらったようなものではないか。そうではなく、椎名氏のサイドからなんらかの依頼が来て、「よくやってくれたね」といつか椎名氏に言われることこそ、自分にとっては「夢」だった。恥ずかしいが、公の場ではここで初めて宣言する。

夢は突然叶う

そして、その日が来たのだ。しかも、最高の形でだ。私が大いに影響を受けた『新橋烏森口青春篇』が、2015年3月、小学館文庫から復刊されるのに伴い（新潮文庫版は絶版になっていた）、巻末のエッセイを4400〜4800字で書くよう依頼が来たのである。もちろん4800字書く。

依頼をしてきたのは一度飲んだことがある編集者だった。そして、私は彼が編集をした『哀愁の町に霧が降るのだ』の小学館文庫版の書評を2014年8月の日刊ゲンダイ紙面に書いており、その件についてはお礼を言われていた。私自身、同作が2014年に文庫として蘇ったことの意義をキチンと書いておきたかったので、自分が持っている日刊ゲンダイの書評欄で同書について論じたのである。

椎名氏も私が書いた書評は読んでくれていたようで、巻末エッセイの人選に入った時は編集者が私のことを推してくれ、椎名氏も「この人でいいんじゃないか。あなたに任せる」となったようだ。『哀愁の町に霧が降るのだ』は上下巻の本だが、角田光代氏と茂木健一郎氏が巻末エッセイを書いている。その系譜に名を連ねられるとはなんとも光栄である。というか、稀代の名作『新橋烏森口青春篇』という本の中で椎名氏の文章の後に登場できるのは身に余る光栄である。私はこの話が来た後、感動のあまり、こうツイートした。

やべぇ。生きてて良かった。ライターやってて良かった、と思った仕事のオファーが来た。もう、これでオレは引退してもいいや、という話だ。アツい、ヤバい、間違いない。なんだか、意識の高い若手ベンチャー社員みたいなツイートになったけど、そう浮き足立つぐらいの話でオレはモーレツに感動している

多くの人から「なんのことだかは分からないけどおめでとう!」とメッセージをいただいた。金額は決してすごく多いというワケではないが、自分にとってはもっとも大きな仕事である。金額はどうでもいい。本当にこれ以上の仕事はない。自分の自伝を書くよりも、こっちの方が嬉しい。多くのライターが憧れるであろう「イチローの半生を振り返る本の著者に指名」よりも、椎名氏の本に文章を書ける方が嬉しい。本当にもうこれで引退していいと思えるほど、この仕事は嬉しかったのだ。編集者からもらった執筆依頼書は一生大事に取っておくつもりだ(デジタルデータだけど)。

拝啓

時下益々ご健勝のこととお慶び申し上げます。この度は中川淳一郎様にお原稿のお願いがありまして、一筆差し上げました。

今年の3月に、小学館文庫で椎名誠さんの『新橋烏森口青春篇』を復刊する予定でございます。この作品は椎名さんの代表作である、「青春三部作」の2作目にあたる作品ですが、現在は新潮文庫では絶版扱いとなっており、中古市場にて購入するしかない状況です。そこで、昨年の『哀愁の町に霧が降るのだ』に続き、小学館で復刊させて頂くこととなりました。

中川様には、『哀愁の町に霧が降るのだ』刊行の際に、素晴らしい書評を書いて頂いたこともありまして、この作品の巻末に収録する特別エッセイをお寄せ頂けないかと考えております。

通常、文庫では「解説」という形が多いかと思います。ただ、この作品は『哀愁の町に霧が降るのだ』同様、椎名さん自身の自伝的小説であり、いまさら解説という形式はあまり似合わないのではないかと考えております。そこで椎名さんと相談し、今回も『新橋烏森口青春篇』と私」というような大きなテーマでエッセイをお願いできないかと考えた次第です。

例えば、中川様ご自身の会社員時代との対比や、椎名作品（特に『新橋烏森口青春篇』）との出会いや思い出、また中川様の専門分野でもあるネット社会である現代にこの作品を復刊する意義のような時代性を加えて頂いたものを書いて頂けましたら、本当に有り難く存じます。

ご執筆の要項は以下の通りです。

○依頼内容：『新橋烏森口青春篇』の巻末エッセイのご執筆
○文　字　数：４４００文字～４８００文字
○締め切り：２０１５年1月30日希望
○謝　　礼：●万円（※実際は具体的金額あり）

その他、何かご不明な点がありましたらご連絡ください。

突然のお願いで大変失礼致します。ご多忙なことは重々承知しておりますが、何卒よろしくお願い致します。末筆ながら、益々のご健康とご活躍をお祈り致しております。

敬具

『新橋烏森口青春篇』は本書とほぼ同じ時期に発売される。齢《よわい》41。今、こうしてこのエピソードを書かせてもらえているのも、**就職活動を乗り切ったからである。**それからがむしゃらに働いてきた。**人から振られた仕事は極力文句を言わずに唯々《いい》諾々《だくだく》と従ってやってきた。**

仕事というものは、すればするほど多くの人との出会いがあり、世界が開けてくる。そして、その仕事で実績を作れば作るほど、人に様々な会合や飲み会に誘ってもらえるし、ちやほやしてもらえる。

学生時代、男の場合、もしかしたら「イケメンであること」が最大の価値だったりするかもしれない。だが、社会人にとって、イケメンであるかどうかはどうでもいい。あくまでも仕事ができなくては価値がない。そう断言できる。理由は、仕事ができる人ほど、頼られ、そこにお金が落ちてくるが故に、人が集まってくるからだ。

そうして多種多様な人材と組んで一つのプロジェクトを完遂させていく。これが仕事の醍醐味であり、41歳になったら夢が叶うかもしれない。

その第一歩が就職活動だ。


クソみたいな数ヶ月になるかもしれないが、少しでもそのクソっぷりを軽減できるよう、嘘をつかず、自分の能力に絶望することなく活動してください。


キツいのは数ヶ月だけです。その後は栄えある未来が待っています――

と言っておきます。それでは。

★社会人はみんな「金のため」「怒られないため」に働いている。
★仕事なんて崇高なものでもなんでもない。
★第一希望の会社に入れなくても、後に合流するチャンスはいくらでもある。
★あなたを幸せにできるのは、あなただけ。
★とはいえ社会人は楽しい！　キツイ数ヶ月にな

るかもしれないが、なんとか就活を乗り切って
欲しい。

内定童貞《ないていどうてい》

二〇一五年 二 月二五日 第一刷発行

著者 中川淳一郎《なかがわじゅんいちろう》

発行者 杉原幹之助《すぎはらみきのすけ》・太田克史《おおたかつし》

編集担当 今井雄紀《いまいゆうき》

発行所 株式会社星海社
〒一一二-〇〇一三
東京都文京区音羽一-一七-一四 音羽YKビル四階
電話 〇三-六九〇二-一七三〇
FAX 〇三-六九〇二-一七三一
http://www.seikaisha.co.jp/

発売元 株式会社講談社
〒一一二-八〇〇一
東京都文京区音羽二-一二-二一
(販売部)〇三-五三九五-五八一七
(業務部)〇三-五三九五-三六一五

印刷所 凸版印刷株式会社

製本所 株式会社国宝社

アートディレクター 吉岡秀典《よしおかひでのり》（セプテンバーカウボーイ）
デザイナー 佐藤亜沙美《さとうあさみ》（サトウサンカイ）
フォントディレクター 紺野慎一《こんのしんいち》
校閲 鷗来堂《おうらいどう》

ISBN978-4-06-138566-5
Printed in Japan

61
SEIKAISHA SHINSHO

次世代による次世代のための

武器としての教養
星海社新書

星海社新書は、困難な時代にあっても前向きに自分の人生を切り開いていこうとする次世代の人間に向けて、ここに創刊いたします。本の力を思いきり信じて、**みなさんと一緒に新しい時代の新しい価値観を創っていきたい。若い力で、世界を変えていきたいのです。**

本には、その力があります。読者であるあなたが、そこから何かを読み取り、それを自らの血肉にすることができれば、一冊の本の存在によって、あなたの人生は一瞬にして変わってしまうでしょう。**思考が変われば行動が変わり、行動が変われば生き方が変わります。**著者をはじめ、本作りに関わる多くの人の想いがそのまま形となった、文化的遺伝子としての本には、大げさではなく、それだけの力が宿っていると思うのです。

沈下していく地盤の上で、他のみんなと一緒に身動きが取れないまま、大きな穴へと落ちていくのか？　それとも、重力に逆らって立ち上がり、前を向いて最前線で戦っていくことを選ぶのか？

星海社新書の目的は、**戦うことを選んだ次世代の仲間たちに「武器としての教養」をくばることです。**知的好奇心を満たすだけでなく、自らの力で未来を切り開いていくための〝武器〟としても使える知のかたちを、シリーズとしてまとめていきたいと思います。

2011年9月

星海社新書初代編集長　柿内芳文

SEIKAISHA SHINSHO